부모은중경

부모은중경

사경의 목적

사경은 경전의 뜻을 보다 깊이 이해하려는 목적도 있지만, 부처님의 말씀을 옮겨 쓰는 경건한 수행을 통해 자기의 신심信心과 원력을 부처님의 말씀과 일체화시켜서 신앙의 힘을 키워나가는데 더 큰 목적이 있다.

조용히 호흡을 가다듬고 부처님의 말씀을 마음으로 되새기며, 정신을 집중하여 사경에 임하다 보면 자신도 모르는 사이에 사경 삼매에 들게 된다. 또한 심신心身이 청정해져 부처님의 마음과 통하게 되니, 부처님의 지혜의 빛과 자비광명이 우리의 마음속 깊이 스며들어 온다.

그러면 몸과 마음이 안락과 행복을 느끼면서 내 주변의 모든 존재에 대한 자비심이 일어나니, 사경의 공덕은 이렇듯 그 자리에서 이익을 가져온다.

사경하는 마음

경전에 표기된 글자는 단순한 문자가 아니라 부처님께서 깨달은 진리라는 상징성을 갖고 있다. 경전의 글자 하나하나가 중생구제를 서원하신 부처님의 마음이며, 중생을 진리의 길로 인도하는 지침인 것이다.

예로부터 사경을 하며 1자3배의 정성을 기울인 것도 경전의 한 글자 한 글자에 부처님이 함께하신다고 생각했기 때문이다. 사경이 수행인 동시에 기도의 일환으로 불자들에게 널리 행해지는 까닭이 여기에 있다.

사경은 부처님의 가르침과 함께하는 시간이며 부처님과 함께하는 시간이다. 부처님의 말씀을 가슴으로 받아들이고 마음으로 찬탄하며 진실로 기쁘게 환희로워야 하는 시간인 것이다.

따라서 사경은 가장 청정한 마음으로 임해야 한다.

사경의 공덕

❀ 마음이 안정되고 평화로워져 미소가 떠나질 않는다.

❀ 부처님을 믿는 마음이 더욱 굳건해진다.

❀ 번뇌 망상, 어리석은 마음이 사라지고 지혜가 증장한다.

❀ 생업이 더욱 번창한다.

❀ 좋은 인연을 만나고 착한 선과가 날로 더해진다.

❀ 업장이 소멸되며 소원한 바가 반드시 이루어진다.

❀ 불보살님과 천지신명이 보호해 주신다.

❀ 각종 질환이나 재난, 구설수 등 현실의 고苦를 소멸시킨다.

❀ 선망조상이 왕생극락하고 원결 맺은 다겁생의 영가들이
   이고득락離苦得樂한다.

❀ 가정이 화목하고 자손들의 앞길이 밝게 열린다.

사경하는 절차

1. 몸을 깨끗이 하고 옷차림을 단정히 한다.

2. 사경할 준비를 갖춘다.(사경상, 좌복, 필기도구 등)

3. 삼배 후, 의식문이 있으면 의식문을 염송한다.

4. 좌복 위에 단정히 앉아 마음을 고요히 한다.
   (잠시 입정하면 더욱 좋다.)

5. 붓이나 펜으로 한 자 한 자 정성스럽게 사경을 시작한다.

6. 사경이 끝나면 사경 발원문을 염송한다.

7. 삼배로 의식을 마친다.

◆ 기도를 더 하고 싶을 때에는 사경이 끝난 뒤, 경전 독송이나
   108배 참회기도, 또는 그날 사경한 내용을 참구하는 명상 시간을
   갖는 것도 좋다.

◆ 사경에 사용하는 붓이나 펜은 사경 이외의 다른 용도에 사용하지
   않도록 한다.

◆ 완성된 사경은 집안에서 가장 정갈한 곳(혹은 높은 곳)에 보관하거나,
   경건하게 소각시킨다.

발 원 문

년   월   일

부모은중경

第 1 章　證信序
제 1 장　증신서

如是我聞 一時 佛 在 王舍城 舍衛國
여 시 아 문　일 시　불　재　왕 사 성　사 위 국

祇樹給孤獨園 與大比丘 三萬八千人
기 수 급 고 독 원　여 대 비 구　삼 만 팔 천 인

菩薩摩訶薩衆 俱
보 살 마 하 살 중　구

第 2 章　發起序
제 2 장　발기서

爾時 世尊 將領大衆 往詣南行 見一
이 시　세 존　장 령 대 중　왕 예 남 행　견 일

堆枯骨 爾時 如來 五體投地 禮拜枯
퇴 고 골　이 시　여 래　오 체 투 지　예 배 고

骨 阿難 大衆 白佛言 世尊 如來 是
골　아 난　대 중　백 불 언　세 존　여 래　시

三界大師 四生慈父 衆人歸敬 云何
삼 계 대 사　사 생 자 부　중 인 귀 경　운 하

禮拜 枯骨
예 배 고 골

佛告阿難 汝 雖是 吾 上足弟子 出家
불 고 아 난 여 수 시 오 상 족 제 자 출 가

深遠 知事未廣 此 一堆枯骨 或是我
심 원 지 사 미 광 차 일 퇴 고 골 혹 시 아

前世翁祖 累世爺孃 吾今拜禮
전 세 옹 조 누 세 야 양 오 금 배 례

佛告阿難 汝將此 一堆枯骨 分作二分
불 고 아 난 여 장 차 일 퇴 고 골 분 작 이 분

若是 男子骨頭 白了又重 若是 女人
약 시 남 자 골 두 백 료 우 중 약 시 여 인

骨頭 黑了又輕 阿難 白佛言 世尊
골 두 혹 료 우 경 아 난 백 불 언 세 존

男人 在世 衫帶靴帽裝裹 卽知是男兒
남 인 재 세 삼 대 화 모 장 과 즉 지 시 남 아

之身 女人 在世 濃塗赤硃臙脂 蘭麝
지 신 여 인 재 세 농 도 적 주 연 지 난 사

裝裹 卽知是女流之身 如今死後 白骨
장 과 즉 지 시 여 류 지 신 여 금 사 후 백 골

一般 敎弟子 如何認得
일 반 교 제 자 여 하 인 득

佛告阿難 若是男人 在世之時 入於伽
불 고 아 난 약 시 남 인 재 세 지 시 입 어 가

藍 聽講誦經 禮拜三寶 念佛名字 所
람 청강송경 예배삼보 염불명자 소

以骨頭 白了又重 女人 在世 恣情婬
이골두 백료우중 여인 재세 자정음

欲 生男養女 一廻生箇孩兒 流出三斗
욕 생남양녀 일회생개해아 유출삼두

三勝凝血 飲孃八斛四斗白乳 所以骨
삼승응혈 음양팔곡사두백유 소이골

頭黑了又輕 阿難 聞語 痛割於心 垂
두 흑료우경 아난 문어 통할어심 수

淚悲泣 白佛言 世尊 母恩德者 云何
루비읍 백불언 세존 모은덕자 운하

報答
보답

佛告阿難 汝今諦聽諦聽 吾今爲汝 分
불고아난 여금제청제청 오금위여 분

別解説 阿孃 懷子 十月之中 極是辛苦
별해설 아양 회자 시월지중 극시신고

阿孃 一箇月懷胎 恰如草頭上珠 保朝
아양 일개월회태 흡여초두상주 보조

不保暮 早晨聚將來 午時消散去
불보모 조신취장래 오시소산거

阿孃 兩箇月懷胎 恰如撲落凝蘇
아양 양개월회태 흡여박락응소

阿孃 三箇月懷胎 恰如凝血
아 양 삼 개 월 회 태 흡 여 응 혈

阿孃 四箇月懷胎 稍作人形
아 양 사 개 월 회 태 초 작 인 형

阿孃 五箇月懷胎 在孃腹中 生五胞
아 양 오 개 월 회 태 재 양 복 중 생 오 포

何者 名爲五胞 頭爲一胞 兩肘爲
하 자 명 위 오 포 두 위 일 포 양 주 위

三胞 兩膝爲五胞
삼 포 양 슬 위 오 포

阿孃 六箇月懷胎 孩兒 在孃腹中 六
아 양 육 개 월 회 태 해 아 재 양 복 중 육

精 開 何者 名爲六精 眼爲一精 耳爲
정 개 하 자 명 위 육 정 안 위 일 정 이 위

二精 鼻爲三精 口是四精 舌是五精
이 정 비 위 삼 정 구 시 사 정 설 시 오 정

意爲六精
의 위 육 정

阿孃 七箇月懷胎 孩兒 在孃腹中 生
아 양 칠 개 월 회 태 해 아 재 양 복 중 생

三百六十骨節 八萬四千毛孔
삼 백 육 십 골 절 팔 만 사 천 모 공

阿孃 八箇月懷胎 生其意智 長其九竅
아 양 팔 개 월 회 태 생 기 의 지 장 기 구 규

阿孃 九箇月懷胎 孩兒 在孃腹中 喫
아 양 구 개 월 회 태 해 아 재 양 복 중 끽

食 不湌桃梨蒜菓 五穀飲味 阿孃生藏
식 불 손 도 리 산 과 오 곡 음 미 아 양 생 장

向下 熟藏 向上 有一座山 此山 有三
향 하 숙 장 향 상 유 일 좌 산 차 산 유 삼

般名字 一號 須彌山 二號 業山 三號
반 명 자 일 호 수 미 산 이 호 업 산 삼 호

血山 此山 一度崩來 化爲一條凝血
혈 산 차 산 일 도 붕 래 화 위 일 조 응 혈

流入孩兒口中
유 입 해 아 구 중

阿孃 十箇月懷胎 方乃降生 若是孝順
아 양 십 개 월 회 태 방 내 강 생 약 시 효 순

之男 擎拳合掌而生 不損阿孃 若是五
지 남 경 권 합 장 이 생 불 손 아 양 약 시 오

逆之子 擘破阿孃胞胎 手攀阿孃心肝
역 지 자 벽 파 아 양 포 태 수 반 아 양 심 간

脚踏阿孃胯骨 教孃如千刀攪腹 恰似
각 답 아 양 과 골 교 양 여 천 도 교 복 흡 사

萬刃攢心 如斯痛苦 生得此身 猶有十恩
만 인 찬 심 여 사 통 고 생 득 차 신 유 유 십 은

第一 懷耽守護恩 頌曰
제 일 회 탐 수 호 은 송 왈

累劫因緣重　今來託母胎　月逾生五藏
누 겁 인 연 중　금 래 탁 모 태　월 유 생 오 장

七七六精開　體重如山岳　動止怯風災
칠 칠 육 정 개　체 중 여 산 악　동 지 겁 풍 재

羅衣都不掛　裝鏡惹塵埃
나 의 도 불 괘　장 경 야 진 애

第二　臨産受苦恩　頌曰
제 이　임 산 수 고 은　송 왈

懷經十個月　産難欲將臨　朝朝如重病
회 경 십 개 월　산 난 욕 장 림　조 조 여 중 병

日日似惛沈　惶怖難成記　愁淚滿胸襟
일 일 사 혼 침　황 포 난 성 기　수 루 만 흉 금

含悲告親族　惟懼死來侵
함 비 고 친 족　유 구 사 래 침

第三　生子忘憂恩　頌曰
제 삼　생 자 망 우 은　송 왈

慈母生君日　五藏總開張　身心俱悶絶
자 모 생 군 일　오 장 총 개 장　신 심 구 민 절

流血似屠羊　生已聞兒健　歡喜倍加常
유 혈 사 도 양　생 이 문 아 건　환 희 배 가 상

喜定悲還至　痛苦徹心腸
희 정 비 환 지　통 고 철 심 장

第四　咽苦吐甘恩　頌曰
제 사　인 고 토 감 은　송 왈

父母恩深重 恩憐無失時 吐甘無所食
부 모 은 심 중 은 련 무 실 시 토 감 무 소 식

咽苦不嚬眉 愛重情難忍 恩深復倍悲
인 고 불 빈 미 애 중 정 난 인 은 심 부 배 비

但令孩子飽 慈母不辭飢
단 령 해 자 포 자 모 불 사 기

第五 回乾就濕恩 頌曰
제 오 회 건 취 습 은 송 왈

母自身俱濕 將兒以就乾 兩乳充飢渴
모 자 신 구 습 장 아 이 취 건 양 유 충 기 갈

羅袖掩風寒 恩憐恒廢寢 寵弄盡能歡
나 수 엄 풍 한 은 련 항 폐 침 총 농 진 능 환

但令孩兒穩 慈母不求安
단 령 해 아 온 자 모 불 구 안

第六 乳哺養育恩 頌曰
제 육 유 포 양 육 은 송 왈

慈母象於地 嚴父配於天 覆載恩將等
자 모 상 어 지 엄 부 배 어 천 부 재 은 장 등

父孃意亦然 不憎無眼目 不嫌手足攣
부 양 의 역 연 부 증 무 안 목 불 혐 수 족 련

誕腹親生子 終日惜兼憐
탄 복 친 생 자 종 일 석 겸 련

第七 洗濯不淨恩 頌曰
제 칠 세 탁 부 정 은 송 왈

憶昔美容質　姿媚甚豊濃　眉分翠柳色
억 석 미 용 질　자 미 심 풍 농　미 분 취 류 색

兩臉奪蓮紅　恩深摧玉貌　洗濯損盤龍
양 검 탈 연 홍　은 심 최 옥 모　세 탁 손 반 룡

只爲憐男女　慈母改顔容
지 위 연 남 녀　자 모 개 안 용

第八　遠行憶念恩　頌曰
제 팔　원 행 억 념 은　송 왈

死別誠難忘　生離實亦傷　子出關山外
사 별 성 난 망　생 리 실 역 상　자 출 관 산 외

母意在他鄉　日夜心相逐　流淚數千行
모 의 재 타 향　일 야 심 상 축　유 루 수 천 행

如猿泣愛子　憶念斷肝腸
여 원 읍 애 자　억 념 단 간 장

第九　爲造惡業恩　頌曰
제 구　위 조 악 업 은　송 왈

父母江山重　恩深報實難　子苦願代受
부 모 강 산 중　은 심 보 실 난　자 고 원 대 수

兒勞母不安　聞道遠行去　行遊夜臥寒
아 로 모 불 안　문 도 원 행 거　행 유 야 와 한

男女暫辛苦　長使母心酸
남 녀 잠 신 고　장 사 모 심 산

第十　究竟憐愍恩　頌曰
제 십　구 경 연 민 은　송 왈

父母恩深重 恩憐無歇時 起坐心相逐
부 모 은 심 중　은 련 무 헐 시　기 좌 심 상 축

遠近意常隨 母年一百歲 常憂八十兒
원 근 의 상 수　모 년 일 백 세　상 우 팔 십 아

欲知恩愛斷 命盡始分離
욕 지 은 애 단　명 진 시 분 리

第 3 章 廣説業難
제 3 장 광 설 업 난

佛告阿難 我觀衆生 雖紹人品 心行
불 고 아 난　아 관 중 생　수 소 인 품　심 행

愚蒙 不思爺孃 有大恩德 不生恭敬
우 몽　불 사 야 양　유 대 은 덕　불 생 공 경

棄恩背德 無有仁慈 不孝不義 阿孃
기 은 배 덕　무 유 인 자　불 효 불 의　아 양

懷子十月之中 起坐不安 如擎重擔
회 자 십 월 지 중　기 좌 불 안　여 경 중 담

飲食不下 如長病人 月滿生時 受諸
음 식 불 하　여 장 병 인　월 만 생 시　수 제

苦痛 須臾好惡 恐爲無常 如殺猪羊
고 통　수 유 호 오　공 위 무 상　여 살 저 양

血流遍地 受如是苦 生得此身 咽苦吐甘
혈 류 변 지　수 여 시 고　생 득 차 신　인 고 토 감

抱持養育 洗濯不淨 不憚劬勞 忍熱
포 지 양 육　세 탁 부 정　불 탄 구 로　인 열

忍寒 不思辛苦 乾處 兒臥 濕處 母眠
인 한　불 사 신 고　건 처　아 와　습 처　모 면

三年之中 飮母白血 嬰孩童子乃至盛年
삼 년 지 중　음 모 백 혈　영 해 동 자 내 지 성 년

將敎禮義 婚嫁官學 備求資業 携荷艱辛
장 교 예 의　혼 가 관 학　비 구 자 업　휴 하 간 신

勤苦之終 不言恩絶 男女有病 父母病生
근 고 지 종　불 언 은 절　남 녀 유 병　부 모 병 생

子若病愈 慈母方差 如斯養育 願早成人
자 약 병 유　자 모 방 차　여 사 양 육　원 조 성 인

及其長成 反爲不孝 尊親共語 應對
급 기 장 성　반 위 불 효　존 친 공 어　응 대

慃憭 拗眼戾睛 欺凌伯叔
옹 강　요 안 려 정　기 능 백 숙

打罵兄弟 毀辱親情 無有禮義 不遵師
타 매 형 제　훼 욕 친 정　무 유 예 의　부 준 사

範 父母敎令 元不依從 兄弟共言 故
범　부 모 교 령　원 불 의 종　형 제 공 언　고

相拗戾 出入往來 不啓尊人 言行 高疎
상 요 려　출 입 왕 래　불 계 존 인　언 행　고 소

擅意爲事 父母訓罰 伯叔語非 童幼
천 의 위 사　부 모 훈 벌　백 숙 어 비　동 유

憐愍 尊人 遮護 漸漸長成 捍戾不調
연 민 존 인 차 호 점 점 장 성 한 려 부 조

不伏虧違 反生嗔恨 棄諸親友 朋附惡
불 복 휴 위 반 생 진 한 기 제 친 우 붕 부 악

人 習己性成 逐爲狂計 被人誘引 逃
인 습 기 성 성 축 위 광 계 피 인 유 인 도

竄他鄉 違背爺孃 離家別貫 或因經紀
찬 타 향 위 배 야 양 이 가 별 관 혹 인 경 기

或爲征行 荏苒因循 便爲婚娶 由斯留礙
혹 위 정 행 임 염 인 순 편 위 혼 취 유 사 유 애

久不還家
구 불 환 가

或在他鄉 不能謹愼 被人謀點 橫事鉤牽
혹 재 타 향 불 능 근 신 피 인 모 점 횡 사 구 견

枉被刑責 牢獄枷鎖 或遭病患 厄難縈纏
왕 피 형 책 뇌 옥 가 쇄 혹 조 병 환 액 난 영 전

困苦飢羸 無人看侍 被他嫌賤 委棄街衢
곤 고 기 리 무 인 간 시 피 타 혐 천 위 기 가 구

因此命終 無人救療 膨脹爛壞 日曝風吹
인 차 명 종 무 인 구 료 팽 창 난 괴 일 폭 풍 취

白骨飄零 寄他鄉土 便與親族 歡會
백 골 표 령 기 타 향 토 편 여 친 족 환 회

長乖 父母心隨 永懷憂念 或因啼血
장 괴 부 모 심 수 영 회 우 념 혹 인 제 혈

眼闇目盲 或爲悲哀 氣咽成病 或緣憶子
안 암 목 맹　혹 위 비 애　기 인 성 병　혹 연 억 자

衰變死亡 作鬼抱魂 不曾割捨
쇠 변 사 망　작 귀 포 혼　부 증 할 사

或復聞子 不崇孝義 朋逐異端 無賴麤頑
혹 부 문 자　불 숭 효 의　붕 축 이 단　무 뢰 추 완

好習無益 鬪打竊盜 觸犯鄉閭 飲酒樗蒲
호 습 무 익　투 타 절 도　촉 범 향 려　음 주 저 포

奸非過失 帶累兄弟 惱亂爺孃 晨去暮還
간 비 과 실　대 누 형 제　뇌 란 야 양　신 거 모 환

尊親 憂念 不知父母 動止寒溫 晦朔
존 친　우 념　부 지 부 모　동 지 한 온　회 삭

朝晡 永乖扶侍 父母年邁 形貌衰羸
조 포　영 괴 부 시　부 모 년 매　형 모 쇠 리

羞恥見人 嗔呵欺抑
수 치 견 인　진 가 기 억

或復 父孤母寡 獨守空堂 猶若客人
혹 부　부 고 모 과　독 수 공 당　유 야 객 인

寄住他舍 床席塵土 拂拭無時 參問起居
기 주 타 사　상 석 진 토　불 식 무 시　참 문 기 거

從斯斷絶 寒溫飢渴 曾不聞知 晝夜恒常
종 사 단 절　한 온 기 갈　증 불 문 지　주 야 항 상

自嗟自歎 應賚饌物 供養尊親 每詐羞慙
자 차 자 탄　응 뢰 찬 물　공 양 존 친　매 사 수 참

異人怪笑 或持時食 供給妻兒 醜拙疲勞
이 인 괴 소 혹 지 시 식 공 급 처 아 추 졸 피 로

無避羞恥 妻妾約束 每事依從 尊者嗔喝
무 피 수 치 처 첩 약 속 매 사 의 종 존 자 진 갈

全無畏懼
전 무 외 구

或復是女 通配他人 未嫁之時 咸皆孝順
혹 부 시 녀 통 배 타 인 미 가 지 시 함 개 효 순

婚嫁已訖 不孝逐增 父母微嗔 即生怨恨
혼 가 이 흘 불 효 축 증 부 모 미 진 즉 생 원 한

夫壻打罵 忍受甘心 異姓他宗 情深眷重
부 서 타 매 인 수 감 심 이 성 타 종 정 심 권 중

自家骨肉 却已爲疎 或隨夫壻 外郡他鄉
자 가 골 육 각 이 위 소 혹 수 부 서 외 군 타 향

離別爺孃 無心戀慕 斷絶消息 音信 不
이 별 야 양 무 심 연 모 단 절 소 식 음 신 불

通 令使爺孃 懸腸掛肚 常已倒懸 每
통 영 사 야 양 현 장 괘 두 상 기 도 현 매

思見面 如渴思漿 無有休息 父母恩
사 견 면 여 갈 사 장 무 유 휴 식 부 모 은

德無量無邊 不孝之愆 卒陳難報
덕 무 량 무 변 불 효 지 건 졸 진 난 보

爾時 大衆 聞佛所說 父母恩德 擧身
이 시 대 중 문 불 소 설 부 모 은 덕 거 신

投地 渾推自撲 身毛孔中 悉皆流血
투 지 혼 추 자 박 신 모 공 중 실 개 유 혈

悶絶辟地 良久乃蘇 高聲唱言 苦哉痛哉
민 절 벽 지 양 구 내 소 고 성 창 언 고 재 통 재

我等今者 深是罪人 從來未覺 冥若夜遊
아 등 금 자 심 시 죄 인 종 내 미 각 명 약 야 유

今悟知非 心膽俱碎 惟願世尊 哀愍救拔
금 오 지 비 심 담 구 쇄 유 원 세 존 애 민 구 발

云何報得父母深恩
운 하 보 득 부 모 심 은

爾時 如來 即以 八種深重梵音 告諸
이 시 여 래 즉 이 팔 종 심 중 범 음 고 제

大衆 汝等當知 吾今爲汝 分別解説
대 중 여 등 당 지 오 금 위 여 분 별 해 설

假使有人 左肩 擔父 右肩 擔母 研皮
가 사 유 인 좌 견 담 부 우 견 담 모 연 피

至骨 骨穿至髓 遶須彌山 經百千匝
지 골 골 천 지 수 요 수 미 산 경 백 천 잡

猶不能報 父母深恩
유 불 능 보 부 모 심 은

假使有人 飢遭饉劫 爲於爺孃 盡其己身
가 사 유 인 기 조 근 겁 위 어 야 양 진 기 기 신

臠割碎壞 猶如微塵 經百千劫 猶不能報
연 할 쇄 괴 유 여 미 진 경 백 천 겁 유 불 능 보

父母深恩
부 모 심 은

假使有人 手執利刀 爲於爺孃 割其眼睛
가 사 유 인 수 집 이 도 위 어 야 양 할 기 안 정

獻於如來 經百千劫 猶不能報 父母深恩
헌 어 여 래 경 백 천 겁 유 불 능 보 부 모 심 은

假使有人 爲於爺孃 亦以利刀 割其心肝
가 사 유 인 위 어 야 양 역 이 이 도 할 기 심 간

血流遍地 不辭痛苦 經百千劫 猶不能報
혈 류 변 지 불 사 통 고 경 백 천 겁 유 불 능 보

父母深恩
부 모 심 은

假使有人 爲於爺孃 百千刀輪 於自身中
가 사 유 인 위 어 야 양 백 천 도 륜 어 자 신 중

左右出入 經百千劫 猶不能報 父母深恩
좌 우 출 입 경 백 천 겁 유 불 능 보 부 모 심 은

假使有人 爲於爺孃 體掛身燈 供養如來
가 사 유 인 위 어 야 양 체 괘 신 등 공 양 여 래

經百千劫 猶不能報 父母深恩
경 백 천 겁 유 불 능 보 부 모 심 은

假使有人 爲於爺孃 打骨出髓 百千鋒戟
가 사 유 인 위 어 야 양 타 골 출 수 백 천 봉 극

一時刺身 經百千劫 猶不能報 父母深恩
일 시 자 신 경 백 천 겁 유 불 능 보 부 모 심 은

假使有人 爲於爺孃 吞熱鐵丸 經百千劫
가 사 유 인 위 어 야 양 탄 열 철 환 경 백 천 겁

遍身燋爛 猶不能報 父母深恩
변 신 초 란 유 불 능 보 부 모 심 은

第 4 章 果報顯應
제 4 장 과 보 현 응

爾時大衆 聞佛所説 父母恩德 垂涙
이 시 대 중 문 불 소 설 부 모 은 덕 수 루

悲泣 白佛言 世尊 我等 今者 深是罪人
비 읍 백 불 언 세 존 아 등 금 자 심 시 죄 인

云何 報得 父母深恩 佛告弟子 欲得
운 하 보 득 부 모 심 은 불 고 제 자 욕 득

報恩 爲於父母 書寫此經 爲於父母
보 은 위 어 부 모 서 사 차 경 위 어 부 모

讀誦此經 爲於父母 懺悔罪愆 爲於
독 송 차 경 위 어 부 모 참 회 죄 건 위 어

父母 供養三寶 爲於父母 受持齋戒
부 모 공 양 삼 보 위 어 부 모 수 지 재 계

爲於父母 布施修福 若能如是 則名
위 어 부 모 보 시 수 복 약 능 여 시 즉 명

爲孝順之子 不作此行 是地獄人
위 효 순 지 자 부 작 차 행 시 지 옥 인

佛告阿難 不孝之人 身壞命終 墮阿鼻
불 고 아 난 불 효 지 인 신 괴 명 종 타 아 비

無間地獄 此大地獄 縱廣八萬由旬
무 간 지 옥 차 대 지 옥 종 광 팔 만 유 순

四面鐵城 周廻羅網 其地赤鐵 盛火
사 면 철 성 주 회 라 망 기 지 적 철 성 화

洞然 猛烈炎爐 雷奔電爍 洋銅鐵汁
동 연 맹 렬 염 로 뇌 분 전 삭 양 동 철 즙

流灌罪人 鐵蛇銅狗 恒吐烟炎 澳燒煮炙
유 관 죄 인 철 사 동 구 항 토 연 염 오 소 자 자

脂膏燋燃 苦痛哀哉 難堪難忍 鐵鏘鐵串
지 고 초 연 고 통 애 재 난 감 난 인 철 장 철 관

鐵鎚鐵戟 劍刃刀輪 如雨如雲 空中而下
철 추 철 극 검 인 도 륜 여 우 여 운 공 중 이 하

或斬或刺 苦罰罪人 歷劫受殃 無時間歇
혹 참 혹 자 고 벌 죄 인 역 겁 수 앙 무 시 간 헐

又令更入地獄中 頭戴火盆 鐵車分裂
우 령 갱 입 지 옥 중 두 대 화 분 철 거 분 열

腸肚骨肉 燋爛縱橫 一日之中 千生萬死
장 두 골 육 초 란 종 횡 일 일 지 중 천 생 만 사

受如是苦 皆因前身 五逆不孝 故獲斯罪
수 여 시 고 개 인 전 신 오 역 불 효 고 획 사 죄

爾時 大衆 聞佛所說 父母恩德 垂淚
이 시 대 중 문 불 소 설 부 모 은 덕 수 루

悲泣　告於如來　我　等　今　者　云何報得
비 읍　고 어 여 래　아 등　금 자　운 하 보 득

父母深恩　佛告弟子　欲得報恩　爲於父母
부 모 심 은　불 고 제 자　욕 득 보 은　위 어 부 모

重興經典　是眞　報得父母恩也　能造一卷
중 흥 경 전　시 진　보 득 부 모 은 야　능 조 일 권

得見一佛　能造十卷　得見十佛　能造百卷
득 견 일 불　능 조 십 권　득 견 십 불　능 조 백 권

得見百佛　能造千卷　得見千佛　能造萬卷
득 견 백 불　능 조 천 권　득 견 천 불　능 조 만 권

得見萬佛　緣此等人　造經力故　是諸佛等
득 견 만 불　연 차 등 인　조 경 력 고　시 제 불 등

常來擁護　令使其人父母　得生天上　受諸
상 내 옹 호　영 사 기 인 부 모　득 생 천 상　수 제

快樂　永離地獄苦
쾌 락　영 리 지 옥 고

第５章　流通分
제 ５ 장 유 통 분

爾時　大衆　阿修羅　迦樓羅　緊那羅　摩
이 시　대 중　아 수 라　가 루 라　긴 나 라　마

睺羅伽　人　非人等　天　龍　夜叉　乾闥婆
후 라 가　인　비 인 등　천　용　야 차　건 달 바

及諸小王 轉輪聖王 是諸大衆 聞佛所説
급 제 소 왕　전 륜 성 왕　시 제 대 중　문 불 소 설

各發願言 我等 盡未來際 寧碎此身
각 발 원 언　아 등　진 미 래 제　영 쇄 차 신

猶如微塵 經百千劫 誓不違於 如來聖教
유 여 미 진　경 백 천 겁　서 불 위 어　여 래 성 교

寧以百千劫 拔出其舌 長百由旬 鐵犂
영 이 백 천 겁　발 출 기 설　장 백 유 순　철 리

耕之 血流成河 誓不違於 如來聖教
경 지　혈 류 성 하　서 불 위 어　여 래 성 교

寧以百千刀輪 於自身中 左右出入
영 이 백 천 도 륜　어 자 신 중　좌 우 출 입

誓不違於 如來聖教 寧以鐵網 周匝纏身
서 불 위 어　여 래 성 교　영 이 철 망　주 잡 전 신

經百千劫 誓不違於 如來聖教 寧以剉碓
경 백 천 겁　서 불 위 어　여 래 성 교　영 이 좌 대

斬碎其身 百千萬斷 皮肉觔骨 悉皆零落
참 쇄 기 신　백 천 만 단　피 육 근 골　실 개 영 락

經百千劫 終不違於 如來聖教
경 백 천 겁　종 불 위 어　여 래 성 교

爾時 阿難 白佛言 世尊 此經 當何名之
이 시　아 난　백 불 언　세 존　차 경　당 하 명 지

云何奉持 佛告 阿難 此經 名爲 大報
운 하 봉 지　불 고　아 난　차 경　명 위　대 보

父母恩重經 已是名字 汝當奉持 爾時
부 모 은 중 경 이 시 명 자 여 당 봉 지 이 시

大衆 天 人 阿修羅等 聞佛所説 皆大
대 중 천 인 아 수 라 등 문 불 소 설 개 대

歡喜 信受奉行 作禮而退
환 희 신 수 봉 행 작 례 이 퇴

부모은중경

제1장 일반적인 동기

이와 같이 내가 들었다.

어느 때 부처님께서 사위국 왕사성 기원정사
에 계실 적에 큰 비구들 삼만 팔천 명과 한
량없는 보살마하살들과 함께 하시었다.

제2장 이 경의 동기

그때에 세존께서는 대중을 거느리고 남쪽으
로 가시다가 마른 뼈 한 무더기를 보시자 다
섯 활개 땅에 던져 마른 뼈에다 절을 하셨다.

이때 아난 등 대중이 부처님께 사뢰었다.

"세존이시여, 여래께서는 삼계의 큰 스승이
시며 사생의 인자한 어버이시어서 많은 대중
들의 공경을 받으시거늘 어찌하여 이 마른
뼈에다 절을 하시옵니까?"

부처님께서 아난에게 말씀하셨다.

"너는 비록 나의 우두머리 제자로서 출가한
지가 오래 되었건만 아는 것이 넓지 못하구
나. 이 한 무더기의 뼈는 혹시 나의 전생의
할아버지이거나 부모일 것이기에 절을 하였
느니라."

부처님께서 다시 아난에게 말씀하셨다.

"너는 이 한 무더기의 백골을 두 몫으로 나
누어 살펴 보라."

"만일 남자의 뼈라면 희고 무거울 것이요,
만일 여자의 뼈라면 검고 가벼울 것이니라."

아난이 여쭈었다.

"세존이시여, 남자가 세상에 있을 때엔 큰
옷을 입고 띠를 매고 신을 신고 사모를 써서
단장했기에 남자인 줄 알 것이요, 여자가 세
상에 있을 때엔 연지 곤지를 진하게 바르고
난향과 사향을 간직했기에 여자인 줄 알겠지

만 지금 이 백골은 한 모습이거늘 어떻게 절
더러 알아보라 하시나이까?”

부처님께서 아난에게 말씀하셨다.

“만일 남자라면 세상에 있을 때에 절에 들어
가서 법문도 듣고 경도 읽고, 삼보께 예배도
하고, 부처님의 명호를 염송하기도 하였으므
로 백골이 희고 무겁거니와, 만일 여자라면
마음대로 음욕을 생각하고, 아들딸 낳아 기
름에 있어 아기를 낳을 적마다 서말 서되의
피를 흘리고 여덟섬 너말의 젖을 먹였나니,
그러기에 검고도 가벼우니라.”

아난이 이 말씀을 듣자 가슴이 찢어지는 듯 눈
물을 흘리며 슬피 울면서 부처님께 사뢰었다.

“세존이시여, 부모의 은덕을 어찌하여야 갚
을 수 있사옵니까?”

부처님께서 아난에게 말씀하셨다.

“자세히 들어라. 말해 주리라. 어머니가 아

기를 배면 열 달 동안 몹시 괴로워하느니라.

어머니가 아기를 밴 지 1개월에는 마치 풀 끝의 이슬 같아서 아침에서 저녁을 보존할 수 없나니, 아침에 모였다가 낮에 흩어지기도 하기 때문이니라.

어머니가 아기를 밴 지 2개월에는 마치 땅에 쏟아진 식은 우유와 같고, 3개월에는 마치 엉긴 핏덩이 같고, 4개월에는 사람의 모습이 비슷하게 이루어지고, 5개월에는 뱃속에서 오포가 이루어지는데, 오포라 함은 머리와 두 팔과 두 무릎이니라.

어머니가 아기를 밴 지 6개월에는 아기의 육정이 이루어지는데, 육정이라 함은 눈·귀·코·입·혀·뜻의 정기요, 7개월에는 뱃속에서 3백60 뼈마디와 8만 4천의 털구멍이 생기느니라.

어머니가 아기를 밴 지 8개월에는 의지가 생

기고 굿규가 자라나는데, 굿규라 함은 두 눈
과 두 귀와 코와 입과 배꼽과 대변도와 소변
도니라.

어머니가 아기를 밴 지 9개월에는 아기가 뱃
속에서 먹을 것을 먹되 복숭아, 배, 마늘, 과
일, 오곡의 음식을 직접 먹지 않으니, 아기
를 밴 어머니의 생장[심장등]은 아래로 향하
고 숙장[대장 등]은 위로 향하는데, 그 사이
에 하나의 산이 있어 세 가지 이름이 있으
니, 첫째는 수미산이요 둘째는 업산이요 셋
째는 혈산인데, 이 산이 한 번씩 무너지면서
한 가닥의 엉긴 핏줄기가 아기의 입으로 흘
러 들어가느니라.

어머니가 아기를 밴 지 10개월에는 비로소
태어나게 되는데, 만일 효순한 자녀라면 주
먹을 모아 합장하고 나와서 어머니를 괴롭히
지 않겠지만, 만일 오역의 자식이면 어머니

의 포태를 쥐어뜯거나 간을 움켜잡거나 발로
엉덩뼈를 버티어 어머니로 하여금 천 개의
칼로 배를 가르듯 만 개의 창으로 가슴을 쑤
시듯 고통을 느끼게 하느니라.
이렇게 심한 고통을 겪으면서 아기를 낳으
니, 나아가 열 가지 은혜가 있나니라.

첫째는 뱃속에 품고 지켜주신 은혜이니 게송
으로 말하리라.

　　여러 겁에 인연이 지중해서
　　금생에도 모태에 의탁했네.
　　달이 차서 오장이 생겨나고
　　일곱달 이레에는 육정이 완성된다.
　　몸은 둔해 산같이 무거우니
　　앉고 설 땐 풍재인양 아찔하다.
　　비단옷은 걸쳐볼 생각조차 없고
　　경대에는 먼지만 자욱하였네.

둘째는 낳으실 때 고생하신 은혜이니, 게송
으로 말하리라.

　　잉태한 지 열 달이 차고 나면
　　그 고통은 저승의 문턱이라.
　　아침마다 중병을 치룬 듯하고
　　매일같이 까무라친 사람 같네.
　　두려움은 기억조차 할 수 없고
　　근심은 눈물되어 옷깃을 적시도다.
　　시름에 겨워 친척에게 이르는 말이
　　살아남지 못할까 걱정이라네.

셋째는 해산한 뒤에 근심을 놓으신 은혜이니,
게송으로 말하리라.

　　어머니가 그대 낳던 날
　　오장은 온통 찢기었나니
　　몸도 마음도 까무라치고
　　흘러내린 피는 도수장 같았다.
　　그러고도 아기 건강탄 말 듣고

기뻐함이 평시의 곱이나 된다.

기쁨은 잠시요 슬픔이 다시 오니

산후의 고통이 간장을 에운다.

넷째는 쓴 것은 삼키시고 단 것은 뱉아서 먹

여주신 은혜이니, 게송으로 말하리라.

부모의 은혜는 깊고도 무거워서

보살펴 주는 일 때를 잃지 않는다.

단 것은 뱉아서 자시지 않고

쓴 것은 삼키되 찡그리지 않는다.

애정은 무거워 숨길 수 없고

은혜는 깊어서 차라리 서럽다.

아기 배 부르기만 바랄 뿐

당신의 시장함은 사양치 않는다.

다섯째는 젖은 데로 누으시고 마른 데로 뉘

여주신 은혜이니, 게송으로 말하리라.

어머니 자신은 온통 젖었어도

아기는 마른 데로 골라 누인다.

두 젖으로는 아기 배를 채우고

고운 옷소매로는 찬바람 가려 준다.

아기 보살피기에 단잠을 설쳤어도

귀여운 재롱에 기쁨으로 변한다.

언제나 아기의 편안함만 바랄 뿐

자신의 고달픔은 생각지 않는다.

여섯째는 젖을 먹여 길러주신 은혜이니, 게

송으로 말하리라.

어머니의 사랑은 땅에 견주고

아버지의 은혜는 하늘에 비기니

하늘 땅의 은공이 균등하듯이

부모님의 은혜도 그러하여라.

두 눈이 멀었어도 개의치 않고

팔다리 절더라도 싫어하지 않나니

내 속에서 태어난 자식이기에

종일토록 아끼시고 귀여워하네.

일곱째는 더러운 것을 씻어주신 은혜이니,

게송으로 말하리라.

　　　지난 날 예뻤던 몸매
　　　퍽이나 풍만했으니
　　　눈썹은 버들 잎 같고
　　　두 뺨은 연꽃보다 붉었는데,
　　　깊은 애정으로 얼굴엔 주름살 늘고
　　　잦은 빨래로 손거을 녹슬건만
　　　오로지 아들딸 사랑하는 정성으로
　　　어머니는 비로소 매무새를 추스리네.
여덟째는 멀리 떨어져 있으면 걱정하신 은혜이니, 게송으로 말하리라.

　　　죽어서 이별함도 잊을 길 없지만
　　　살아서 헤어짐은 더욱 슬픈 일이니
　　　자식이 집을 떠나 타관에 있으면
　　　어머니의 마음도 타향에 가 있다.
　　　낮이나 밤이나 마음에 되씹으며
　　　흘리는 눈물은 천 줄긴가 만 줄긴가.

원숭이가 새끼 찾아 슬피 울듯이

자식 생각 구비구비 애가 끓는다.

아홉째는 자식들을 위하여 궂은 일을 하신

은혜이니, 게송으로 말하리라.

부모의 은혜는 강산보다 중하니

깊으신 그 은혜 보답키 어려워라.

아들의 괴로움을 대신 받기 원하고

아들이 괴로우면 부모 마음 편치 않네.

멀리 집 떠난단 말 들으면

집 나간 밤부터 단잠을 설치나니

자식들의 수고는 대수롭지 않아도

어머니의 마음은 오래도록 쓰리네.

열째는 끝까지 사랑하신 은혜이니, 게송으로

말하리라.

부모의 은혜는 깊고도 무거울사

예뻐해 주는 정 잠시도 끊임없네.

앉았거나 섰거나 마음에서 안 떠나고

가깝거나 멀거나 생각 항상 따라가네.

부모 연세 백 살이 넘어도

여든 살의 자식을 걱정하나니

간절한 그 애정 언제나 끝날꼬.

두 눈을 감아야 비로소 다하려나.

제3장 불효의 업을 널리 말씀하심

부처님께서 다시 아난에게 말씀하셨다.

"내가 중생들을 관찰하니 비록 인간의 탈은

썼으나 마음씨는 어리석어서 부모의 거룩한

은혜를 생각지 않고 공경할 마음을 내지도

않으며 은덕을 등지고 인자하지 못하여 불효

와 불의를 범하는 자가 많으니라. 어머니가

잉태한 지 열 달 동안에는 앉고 섬에 편안치

않음이 마치 무거운 짐을 진 것 같고, 음식

을 소화시키지 못함은 마치 중병을 앓는 이

같으니라.

달이 차서 아기를 낳을 때는 온갖 고통을 받
나니, 잠깐잠깐 증세에 따라 죽음을 당할까
걱정하기도 하고, 마치 돼지나 염소를 잡은
듯 피가 흘러 땅을 뒤덮기도 하느니라.
이러한 고통 끝에 이 몸을 낳은 뒤에는 쓴 것
은 자신이 삼키고 단 것은 뱉아서 먹이며 품
에 껴안아 고이 기르고 똥·오줌 빨래하여도
수고롭다 여기지 않고, 추위와 더위를 견디되
고달프다 생각지 않으며 마른자리에는 아기
를 누이고 젖은 자리에는 자신이 눕는다.
3년 동안 어머니의 젖을 먹여 아기가 자라
동자 되고, 다시 성년이 되면 서둘러 예절을
가르치고, 시집·장가 보내기와 보다 큰 학
문을 가르치기 위해 갖가지로 돈벌이 사업을
하며, 이고 지고 고생스럽게 품을 팔아 고통
이 극치에 이르나 사랑을 멈출 생각은 전혀
없다.

아들·딸이 병이 나면 부모도 병이 나고 아기의 병이 낳으면 어머니도 쾌차한다.

이렇듯이 양육하여 어서 어른되기를 바랐다.

성장하고 나서는 도리어 불효하여 어른과 이야기 할 때엔 거칠게 대꾸하며 눈 흘기고 부리리면서 백부·숙부들까지 능멸한다.

형제 간에 때리고 욕설하며, 친척 간의 정의를 파괴하며, 예의가 없어서 스승의 가르침을 따르지 않으며, 부모의 분부는 애초부터 거스르고, 형제 간의 조언에는 집짓 어긋장을 낸다.

출입하고 왕래할 때엔 어른들께 알리지 않고, 언행이 거만하고 성글어 제멋대로 일을 처리한다. 부모는 훈계하여 벌주어야 하고, 숙부·백부도 잘못을 일러주어야 하거늘 '어린 것이 귀엽다' 하여 어른들이 감싸기만 하다가 차츰차츰 장성한 뒤에는 머트러워져서

길들여지지 않는다.

자기의 어긋남을 승복하지 않고 도리어 화를 내면서 친한 벗을 버리고 나쁜 사람에게 편들어 습관이 성품을 이룬 뒤에는 마침내 몹쓸 계교를 세운다.

남의 꼬임에 빠져 타향으로 도망해서 부모를 등지고 타관에 살면서 혹은 장삿길을 위해서나 혹은 패싸움 때문에 그럭저럭 지내다가 문득 혼인을 하고는 이것이 장애가 되어 오래도록 집에 돌아가지 않는다.

혹은 타향에서 행동을 삼가지 못하다가 남의 모략을 받아 까닭 없는 구금을 당하거나 억울한 형벌을 받아 칼과 족쇄를 쓰고 옥에 갇히기도 하고 혹은 병에 걸려 액난이 뒤엉키고 시장함과 괴로움에 시달려도 아무도 보살피는 이가 없다가, 남들의 혐오를 받아 길거리에 버려지면 이로 인해 목숨을 마쳐도 아무도 구해 주는 이가 없다.

퉁퉁 붓고 물러터진 뒤 볕에 쪼이고 바람에 나부껴 백골이 타관 땅에 굴러다니니, 부모와 친척을 기쁘게 만날 기회는 영원히 없어졌건만 부모의 마음은 항상 자식을 따라가 있어 영원히 근심을 풀지 못한다. 혹은 눈물 흘려 울다가 실명하기도 하고, 혹은 슬퍼함 때문에 기가 넘어 병을 이루기도 하고, 혹은 자식 걱정으로 쇠약해진 끝에 한을 품고 죽어 귀신이 되더라도 자식 걱정은 잠시도 버리지 못한다.

또 듣건대 자식이 효의를 숭상하지 않고 이단들과 패거리를 이루며 무뢰하고 거칠어서 이익 없는 짓만을 즐기어 익히며, 싸우고 때리고 도적질해서 남의 마을을 침범하며 술 마시고 도박하는 등 간악한 허물을 두루 지어 형제들에게 누를 끼치고 부모를 근심시킨다. 새

벽에 나갔다가 저녁에 돌아오니 어른들은 걱정하나 부모의 안부조차 모르고 날마다 시각마다 받들어 섬기는 법칙을 영원히 어기다가, 부모가 나이 높아 몰골이 쇠락하면 남들 보기에 수치스럽다고 꾸짖고 구박한다.

혹은 부모가 홀로 되어 독수공방하면 마치 객실에 묵는 나그네 같이 여겨 방과 이부자리를 털거나 닦는 적이 없으며, 조석문안은 아예 끊어 추운지 더운지 주린지 목마른지를 전혀 아는 체 하지 않으므로 부모로 하여금 밤과 낮에 항상 슬퍼 탄식케 한다.

음식을 꾸려다가 어른께 공궤해야 할 때에는 항상 창피하게 여기거나 남들이 비웃는다 해서 꺼리면서도, 처자에게 갖다 줄 때에는 궁색하고 피로하고 창피하여도 잘 참아내며, 처첩과의 약속은 번번히 지키는데 어른들의 꾸지람은 전혀 두려워 하지 않는다.

혹 딸자식은 남의 가문으로 시집을 가는데
시집가기 전에는 모두가 효순하다가 혼인한
뒤에는 불효함이 차츰 늘어 부모의 작은 꾸
짖음에도 당장 화를 내나, 서방은 때리고 꾸
짖어도 달갑게 받아들이며, 타성받이에게는
애정이 깊고 정중하면서도 자기 친척에게는
도리어 성글게 대한다.
혹은 남편 따라 타향으로 가서 부모를 여의
면 부모 그리는 마음은 추호도 없이 소식을
끊으며, 소식을 알리지 않으므로써 부모로
하여금 애가 타서 항상 거꾸로 매달린 듯하
게 하며, 얼굴 한번 보기를 항상 원함이 마
치 목마른 이가 마실 것을 찾는 것같이 그칠
날이 없게 하니, 부모의 은덕은 이토록 무량
무변하고 불효의 허물은 이루 다 헤아릴 수
없다."
그때에 대중이 부처님께서 말씀하신 부모의

은덕을 듣고 온몸을 땅에 던져 자기 몸을 스스로 쥐어뜯으니 몸 위의 털구멍마다에 피가 솟고, 혼절하여 땅 위에 널브러졌다.

조금 있다가 다시 깨어나서 높은 소리로 외치니, "괴롭고 아프오이다. 저희들은 이제 분명 죄인인데 아직껏 깨닫지 못함이 마치 밤길을 다니듯 캄캄하다가 이제 잘못을 알고 보니 간장이 모두 부서지는 것 같나이다. 바라옵건대 세존이시여, 저희들을 가엾이 여기시어 구원하여 주소서. 어찌하여야 부모의 깊은 은혜를 갚을 수 있습니까?" 하였다.

그때에 여래께서 여덟 가지 깊고도 정중한 범음梵音으로 대중에게 이르셨다.

"너희들은 잘 들으라. 내 이제 너희들을 위하여 분별하고 해설해 주리라."

가령 어떤 사람이 왼쪽 어깨에 아버지를 받들고 오른쪽 어깨엔 어머니를 받들고 살가죽

이 닳아 뼈에 이르고 뼈가 뚫어져 골수에 이
르기까지 수미산을 백천 번 돌더라도 부모의
깊은 은혜는 다 갚지 못하느니라.

가령 어떤 사람이 흉년겁을 만나 부모를 위
하여 자기의 몸이 다하기까지 살을 베어 잘
게 썰기를 먼지 같이하고 그렇게 하기를 백
천 겁을 지나더라도 부모의 깊은 은혜는 다
갚지 못하느니라.

가령 어떤 사람이 부모를 위하여 자기 손에
칼을 들고 자기의 눈알을 뽑아 부처님께 바
치기를 백천 겁을 지나더라도 부모의 깊은
은혜는 다 갚지 못하느니라.

또 어떤 사람이 부모를 위하여 역시 칼을 들
고 자기의 심장과 간장을 베어내는데 피가
흘러 온 땅덩이를 다 덮더라도 그 고통을 마
다 않기를 백천 겁을 지나더라도 부모의 깊
은 은혜는 다 갚지 못하느니라.

가령 어떤 사람이 부모를 위하여 백천 개의
칼로 쑤시되 자기 몸의 좌우로 들락날락하게
하기를 백천 겁을 지나더라도 부모의 깊은
은혜는 다 갚지 못하느니라.

가령 어떤 사람이 부모를 위하여 자기 몸을
등불로 삼아 여래께 공양하기를 백천 겁을
지나더라도 부모의 깊은 은혜는 다 갚지 못
하느니라.

가령 어떤 사람이 부모를 위하여 뼈를 부셔
골수를 꺼내고 백천 개의 창으로 몸을 찌르
기를 백천 겁을 지나더라도 부모의 깊은 은
혜는 다 갚지 못하느니라.

가령 어떤 사람이 부모를 위하여 달구어진
무쇠탄자를 삼키기를 백천 겁을 지나면서 온
몸이 타서 문드러지더라도 부모의 깊은 은혜
는 다 갚지 못하느니라.

그때에 대중이 부처님께서 말씀하신 부모의 은덕을 듣고 슬피 울면서 부처님께 사뢰었다.

"세존이시여, 저희들은 이제 깊은 죄인임을 알았나이다. 어찌하여야 부모의 깊은 은혜를 갚을 수 있겠나이까?"

부처님께서 제자들에게 이르셨다.

"은혜를 갚고자 하거든 부모를 위하여 이 경을 쓰고, 부모를 위하여 이 경을 읽고, 부모를 위하여 허물을 참회하고, 부모를 위하여 삼보께 공양하고, 부모를 위하여 재계를 지키고, 부모를 위하여 보시하고 복을 닦으라. 만일 능히 이와 같이 하면 효순한 아들딸이라 하겠지만 만일 이러한 행을 닦지 않으면 지옥의 식구가 될 것이니라."

부처님께서 아난에게 말씀하셨다.

"불효한 아들딸은 목숨이 마친 뒤에 아비무

간지옥에 떨어지나니, 이 큰 지옥은 가로세
로가 8만 유순이요, 사면이 무쇠성으로 되었
는데 빙둘러 그물이 쳐졌느니라.

그 바닥은 달구어진 무쇠인데 훨훨 타는 불
길이 가득 솟고, 맹렬하게 뜨거운 도가니에
서는 번개같고 우레같은 불똥이 튀느니라.

구리와 무쇠 녹인 물을 죄인들의 입에다 붓
고, 무쇠뱀 구리개가 항상 불꽃 연기를 뿜어
죄인들을 볶아대면 살과 기름이 지글지글 타
들어가니 고통스럽고 고통스러움을 견디기
어렵고 참기 어려우니라.

무쇠징과 무쇠꼬치와 무쇠망치와 무쇠창과
검과 칼이 비같이 구름같이 하늘에서 쏟아지
면 베이거나 찔려서 죄인들에게 심한 고통을
주되 여러 겁 동안 이런 재앙 받기를 끊일
시간이 없느니라.

또 다시 어떤 지옥에는 머리에 불동이를 이

게 하고 무쇠수레를 몰아 사지를 찢으면 창
자와 뼈가 데어 문드러져서 이리저리 흩어지
나니, 이렇게 반복하여 하루 동안에 천 번
살아나고 만 번 죽나니, 이런 고통을 받는
것은 모두가 전생에 오역의 불효를 범했기
때문이니라."
그때에 대중들이 부처님께서 말씀하신 부모
의 은덕을 듣고 눈물을 흘려 슬피 울면서 부
처님께 사뢰었다.
"저희들은 오늘 어찌하여야 부모의 깊은 은
혜를 갚을 수 있나이까?"
부처님께서 제자들에게 말씀하셨다.
"은혜를 갚고자 하거든 부모를 위하여 경전
을 펴내라. 이것이 진정 부모의 은혜를 갚는
길이니라.
한 권을 만들면 한 부처님을 뵈올 수 있고,
열 권을 만들면 열 부처님을 뵈올 수 있고,

백 권을 만들면 백 부처님을 뵈올 수 있고,
천 권을 만들면 천 부처님을 뵈올 수 있고,
만 권을 만들면 만 부처님을 뵈올 수 있느니라.
이 사람들이 경을 만든 공덕으로 모든 부처
님들이 항상 오셔서 그 사람을 옹호하시어
그의 부모로 하여금 하늘세계에 태어나서 모
든 쾌락을 받고 지옥의 고통을 영원히 여의
게 해 주시느니라.”

제5장 맺는말
그때에 대중과 아수라 가루라 긴나라 마후라
가 인비인 등과 천 용 야차 건달바 등과 그
리고 모든 작은 왕과 전륜성왕 등 모든 대중
이 부처님의 말씀을 듣고 각기 다음과 같이
서원을 세웠다.
“저희들은 오늘로부터 미래세상이 다하도록
차라리 이 몸을 부수어 먼지 같이 하기를 백

천 겁을 지나더라도 맹세코 여래의 거룩하신

가르침을 어기지 않겠나이다.

차라리 백천 겁 동안 혀가 백 유순까지 뽑혀

늘리고 무쇠보습에 갈려 피가 강을 이루더라

도 맹세코 여래의 거룩하신 가르침을 어기지

않겠나이다.

차라리 백천 개의 칼로 몸을 쑤시되 왼쪽과

오른쪽으로 들락날락하게 하더라도 맹세코

여래의 거룩한 가르침을 어기지 않겠나이다.

차라리 무쇠그물에 온 몸을 두루두루 감기고

서 백천 겁을 지나더라도 맹세코 여래의 거

룩한 가르침을 어기지 않겠나이다.

차라리 작두와 맷돌에 이 몸이 갈리고 부수

어져 백·천·만 조각으로 쪼개지고, 가죽과

힘줄과 뼈가 갈기갈기 흩어지기를 백천 겁을

지나더라도 맹세코 여래의 거룩하신 가르침

을 어기지 않겠나이다."

그때에 아난이 부처님께 사뢰었다.

"세존이시여, 이 경의 이름은 무엇이며, 저희들이 어떻게 받들어지니오리까?"

부처님께서 아난에게 말씀하셨다.

"이 경의 이름은 대보부모은중경이니, 이 이름으로 너희들은 받들어지니라."

그때에 대중과 천 인 아수라 등이 부처님의 말씀을 듣잡고 모두가 크게 기뻐하면서 받들어지니고 물러갔다.

부모은중경

第 1 章 證信序
제 1 장 증신서

如是我聞 一時佛 在 王舍城 闍衛國
여 시 아 문 일 시 불 재 왕 사 성 사 위 국

祇樹給孤獨園 與大比丘 三萬八千人
기 수 급 고 독 원 여 대 비 구 삼 만 팔 천 인

菩薩摩訶薩衆 俱
보 살 마 하 살 중 구

第 2 章 發起序
제 2 장 발 기 서

爾時 世尊 將領大衆 往詣南行 見一
이 시 세 존 장 령 대 중 왕 예 남 행 견 일

堆枯骨 爾時 如來 五體投地 禮拜枯
퇴 고 골 이 시 여 래 오 체 투 지 예 배 고

骨 阿難 大衆 白佛言 世尊 如來 是
골 아 난 대 중 백 불 언 세 존 여 래 시

三界大師 四生慈父 衆人歸敬 云何
삼 계 대 사 사 생 자 부 중 인 귀 경 운 하

禮拜 枯骨
예 배 고 골

佛告阿難 汝 雖是 吾 上足弟子 出家
불 고 아 난 여 수 시 오 상 족 제 자 출 가

深遠 知事未廣 此 一堆枯骨 或是我
심 원 지 사 미 광 차 일 퇴 고 골 혹 시 아

前世翁祖 累世爺孃 吾今拜禮
전 세 옹 조 누 세 야 양 오 금 배 례

佛告阿難 汝將此 一堆枯骨 分作二分
불 고 아 난 여 장 차 일 퇴 고 골 분 작 이 분

若是 男子骨頭 白了又重 若是 女人
약 시 남 자 골 두 백 료 우 중 약 시 여 인

骨頭 黑了又輕 阿難 白佛言 世尊
골 두 흑 료 우 경 아 난 백 불 언 세 존

男人 在世 衫帶靴帽裝裹 即知是男兒
남 인 재 세 삼 대 화 모 장 과 즉 지 시 남 아

之身 女人 在世 濃塗赤硃臙脂 蘭麝
지 신 여 인 재 세 농 도 적 주 연 지 난 사

裝裹 即知是女流之身 如今死後 白骨
장 과 즉 지 시 여 류 지 신 여 금 사 후 백 골

一般 教弟子 如何認得
일 반 교 제 자 여 하 인 득

佛告阿難 若是男人 在世之時 入於伽
불 고 아 난 약 시 남 인 재 세 지 시 입 어 가

藍 聽講誦經 禮拜三寶 念佛名字 所
람 청강송경 예배삼보 염불명자 소

以骨頭 白了又重 女人 在世 恣情婬
이골두 백료우중 여인 재세 자정음

欲 生男養女 一廻生箇孩兒 流出三斗
욕 생남양녀 일회생개해아 유출삼두

三勝凝血 飲孃八斛四斗白乳 所以骨
삼승응혈 음양팔곡사두백유 소이골

頭黑了又輕 阿難 聞語 痛割於心 垂
두 흑료우경 아난 문어 통할어심 수

淚悲泣 白佛言 世尊 母恩德者 云何
루비읍 백불언 세존 모은덕자 운하

報答
보 답

佛告阿難 汝今諦聽諦聽 吾今爲汝 分
불고아난 여금제청제청 오금위여 분

別解說 阿孃懷子 十月之中 極是辛苦
별해설 아양회자 시월지중 극시신고

阿孃 一箇月懷胎 恰如草頭上珠 保朝
아양 일개월회태 흡여초두상주 보조

不保暮 早晨聚將來 午時消散去
불보모 조신취장래 오시소산거

阿孃 兩箇月懷胎 恰如撲落凝蘇
아양 양개월회태 흡여박락응소

阿孃 三箇月懷胎 恰如凝血
아 양 삼 개 월 회 태 흡 여 응 혈

阿孃 四箇月懷胎 稍作人形
아 양 사 개 월 회 태 초 작 인 형

阿孃 五箇月懷胎 在孃腹中 生五胞
아 양 오 개 월 회 태 재 양 복 중 생 오 포

何者 名爲五胞 頭爲一胞 兩肘爲
하 자 명 위 오 포 두 위 일 포 양 주 위

三胞 兩膝爲五胞
삼 포 양 슬 위 오 포

阿孃 六箇月懷胎 孩兒 在孃腹中 六
아 양 육 개 월 회 태 해 아 재 양 복 중 육

精 開 何者 名爲六精 眼爲一精 耳爲
정 개 하 자 명 위 육 정 안 위 일 정 이 위

二精 鼻爲三精 口是四精 舌是五精
이 정 비 위 삼 정 구 시 사 정 설 시 오 정

意爲六精
의 위 육 정

阿孃 七箇月懷胎 孩兒 在孃腹中 生
아 양 칠 개 월 회 태 해 아 재 양 복 중 생

三百六十骨節 八萬四千毛孔
삼 백 육 십 골 절 팔 만 사 천 모 공

阿孃 八箇月懷胎 生其意智 長其九竅
아 양 팔 개 월 회 태 생 기 의 지 장 기 구 규

阿孃 九箇月懷胎 孩兒 在孃腹中 喫
아 양 구 개 월 회 태 해 아 재 양 복 중 끽

食 不湌桃梨蒜菓 五穀飲味 阿孃生藏
식 불 손 도 리 산 과 오 곡 음 미 아 양 생 장

向下 熟藏 向上 有一座山 此山 有三
향 하 숙 장 향 상 유 일 좌 산 차 산 유 삼

般名字 一號 須彌山 二號 業山 三號
반 명 자 일 호 수 미 산 이 호 업 산 삼 호

血山 此山 一度崩來 化爲一條凝血
혈 산 차 산 일 도 붕 래 화 위 일 조 응 혈

流入孩兒口中
유 입 해 아 구 중

阿孃 十箇月懷胎 方乃降生 若是孝順
아 양 십 개 월 회 태 방 내 강 생 약 시 효 순

之男 擎拳合掌而生 不損阿孃 若是五
지 남 경 권 합 장 이 생 불 손 아 양 약 시 오

逆之子 擘破阿孃胞胎 手攀阿孃心肝
역 지 자 벽 파 아 양 포 태 수 반 아 양 심 간

脚踏阿孃胯骨 敎孃如千刀攪腹 恰似
각 답 아 양 과 골 교 양 여 천 도 교 복 흡 사

萬刃攢心 如斯痛苦 生得此身 猶有十恩
만 인 찬 심 여 사 통 고 생 득 차 신 유 유 십 은

第一 懷耽守護恩 頌曰
제 일 회 탐 수 호 은 송 왈

累劫因緣重 今來託母胎 月逾生五藏
누 겁 인 연 중　금 래 탁 모 태　월 유 생 오 장

七七六精開 體重如山岳 動止怯風災
칠 칠 육 정 개　체 중 여 산 악　동 지 겁 풍 재

羅衣都不掛 裝鏡惹塵埃
나 의 도 불 괘　장 경 야 진 애

第二　臨産受苦恩 頌曰
제 이　임 산 수 고 은　송 왈

懷經十個月 産難欲將臨 朝朝如重病
회 경 십 개 월　산 난 욕 장 림　조 조 여 중 병

日日似惛沈 惶怖難成記 愁淚滿胸襟
일 일 사 혼 침　황 포 난 성 기　수 루 만 흉 금

含悲告親族 惟懼死來侵
함 비 고 친 족　유 구 사 래 침

第三　生子忘憂恩 頌曰
제 삼　생 자 망 우 은　송 왈

慈母生君日 五藏總開張 身心俱悶絶
자 모 생 군 일　오 장 총 개 장　신 심 구 민 절

流血似屠羊 生已聞兒健 歡喜倍加常
유 혈 사 도 양　생 이 문 아 건　환 희 배 가 상

喜定悲還至 痛苦徹心腸
희 정 비 환 지　통 고 철 심 장

第四　咽苦吐甘恩 頌曰
제 사　인 고 토 감 은　송 왈

父母恩深重 恩憐無失時 吐甘無所食
부 모 은 심 중　은 련 무 실 시　토 감 무 소 식

咽苦不嚬眉 愛重情難忍 恩深復倍悲
인 고 불 빈 미　애 중 정 난 인　은 심 부 배 비

但令孩子飽 慈母不辭飢
단 령 해 자 포　자 모 불 사 기

第五 回乾就濕恩 頌曰
제 오　회 건 취 습 은　송 왈

母自身俱濕 將兒以就乾 兩乳充飢渴
모 자 신 구 습　장 아 이 취 건　양 유 충 기 갈

羅袖掩風寒 恩憐恒廢寢 寵弄盡能歡
나 수 엄 풍 한　은 련 항 폐 침　총 농 진 능 환

但令孩兒穩 慈母不求安
단 령 해 아 온　자 모 불 구 안

第六 乳哺養育恩 頌曰
제 육　유 포 양 육 은　송 왈

慈母象於地 嚴父配於天 覆載恩將等
자 모 상 어 지　엄 부 배 어 천　부 재 은 장 등

父孃意亦然 不憎無眼目 不嫌手足攣
부 양 의 역 연　부 증 무 안 목　불 혐 수 족 련

誕腹親生子 終日惜兼憐
탄 복 친 생 자　종 일 석 겸 련

第七 洗濯不淨恩 頌曰
제 칠　세 탁 부 정 은　송 왈

憶昔美容質　姿媚甚豐濃　眉分翠柳色
억 석 미 용 질　자 미 심 풍 농　미 분 취 류 색

兩臉奪蓮紅　恩深摧玉貌　洗濯損盤龍
양 검 탈 연 홍　은 심 최 옥 모　세 탁 손 반 룡

只爲憐男女　慈母改顏容
지 위 연 남 녀　자 모 개 안 용

第八　遠行憶念恩　頌曰
제 팔　원 행 억 념 은　송 왈

死別誠難忘　生離實亦傷　子出關山外
사 별 성 난 망　생 리 실 역 상　자 출 관 산 외

母意在他鄉　日夜心相逐　流淚數千行
모 의 재 타 향　일 야 심 상 축　유 루 수 천 행

如猿泣愛子　憶念斷肝腸
여 원 읍 애 자　억 념 단 간 장

第九　爲造惡業恩　頌曰
제 구　위 조 악 업 은　송 왈

父母江山重　恩深報實難　子苦願代受
부 모 강 산 중　은 심 보 실 난　자 고 원 대 수

兒勞母不安　聞道遠行去　行遊夜臥寒
아 로 모 불 안　문 도 원 행 거　행 유 야 와 한

男女暫辛苦　長使母心酸
남 녀 잠 신 고　장 사 모 심 산

第十　究竟憐愍恩　頌曰
제 십　구 경 연 민 은　송 왈

父母恩深重 恩憐無歇時 起坐心相逐
부 모 은 심 중　은 련 무 헐 시　기 좌 심 상 축

遠近意常隨 母年一百歲 常憂八十兒
원 근 의 상 수　모 년 일 백 세　상 우 팔 십 아

欲知恩愛斷 命盡始分離
욕 지 은 애 단　명 진 시 분 리

第 3 章 廣説業難
제 3 장 광 설 업 난

佛告阿難 我觀衆生 雖紹人品 心行
불 고 아 난　아 관 중 생　수 소 인 품　심 행

愚蒙 不思爺孃 有大恩德 不生恭敬
우 몽　불 사 야 양　유 대 은 덕　불 생 공 경

棄恩背德 無有仁慈 不孝不義 阿孃
기 은 배 덕　무 유 인 자　불 효 불 의　아 양

懷子十月之中 起坐不安 如擎重擔
회 자 십 월 지 중　기 좌 불 안　여 경 중 담

飲食不下 如長病人 月滿生時 受諸
음 식 불 하　여 장 병 인　월 만 생 시　수 제

苦痛 須臾好惡 恐爲無常 如殺猪羊
고 통　수 유 호 오　공 위 무 상　여 살 저 양

血流遍地 受如是苦 生得此身 咽苦吐甘
혈 류 변 지　수 여 시 고　생 득 차 신　인 고 토 감

抱持養育 洗濯不淨 不憚劬勞 忍熱
포 지 양 육 세 탁 부 정 불 탄 구 로 인 열

忍寒 不思辛苦 乾處 兒臥 濕處 母眠
인 한 불 사 신 고 건 처 아 와 습 처 모 면

三年之中 飲母白血 嬰孩童子乃至盛年
삼 년 지 중 음 모 백 혈 영 해 동 자 내 지 성 년

將教禮義 婚嫁官學 備求資業 携荷艱辛
장 교 예 의 혼 가 관 학 비 구 자 업 휴 하 간 신

勤苦之終 不言恩絶 男女有病 父母病生
근 고 지 종 불 언 은 절 남 녀 유 병 부 모 병 생

子若病愈 慈母方差 如斯養育 願早成人
자 약 병 유 자 모 방 차 여 사 양 육 원 조 성 인

及其長成 反爲不孝 尊親共語 應對
급 기 장 성 반 위 불 효 존 친 공 어 응 대

愊慞 拗眼戻睛 欺凌伯叔
옹 강 요 안 려 정 기 능 백 숙

打罵兄弟 毀辱親情 無有禮義 不遵師
타 매 형 제 훼 욕 친 정 무 유 예 의 부 준 사

範 父母教令 元不依從 兄弟共言 故
범 부 모 교 령 원 불 의 종 형 제 공 언 고

相拗戾 出入往來 不啓尊人 言行 高疎
상 요 려 출 입 왕 래 불 계 존 인 언 행 고 소

擅意爲事 父母訓罰 伯叔 語非 童幼
천 의 위 사 부 모 훈 벌 백 숙 어 비 동 유

憐愍 尊人 遮護 漸漸長成 捍戾不調
연 민 존 인 차 호 점 점 장 성 한 려 부 조

不伏虧違 反生嗔恨 棄諸親友 朋附惡
불 복 휴 위 반 생 진 한 기 제 친 우 붕 부 악

人 習己性成 逐爲狂計 被人誘引 逃
인 습 기 성 성 축 위 광 계 피 인 유 인 도

竄他鄉 違背爺孃 離家別貫 或因經紀
찬 타 향 위 배 야 양 이 가 별 관 혹 인 경 기

或爲征行 荏苒因循 便爲婚娶 由斯留碍
혹 위 정 행 임 영 인 순 편 위 혼 취 유 사 유 애

久不還家
구 불 환 가

或在他鄉 不能謹愼 被人謀點 橫事鉤牽
혹 재 타 향 불 능 근 신 피 인 모 점 횡 사 구 견

枉被刑責 牢獄枷鎖 或遭病患 厄難縈纏
왕 피 형 책 뇌 옥 가 쇄 혹 조 병 환 액 난 영 전

困苦飢羸 無人看侍 被他嫌賤 委棄街衢
곤 고 기 리 무 인 간 시 피 타 혐 천 위 기 가 구

因此命終 無人救療 膖脹爛壞 日曝風吹
인 차 명 종 무 인 구 료 팽 창 난 괴 일 폭 풍 취

白骨 飄零 寄他鄉土 便與親族 歡會
백 골 표 령 기 타 향 토 편 여 친 족 환 회

長乖 父母心隨 永懷憂念 或因啼血
장 괴 부 모 심 수 영 회 우 념 혹 인 제 혈

眼闇目盲 或爲悲哀 氣咽成病 或緣憶子
안 암 목 맹　혹 위 비 애　기 인 성 병　혹 연 억 자

衰變死亡 作鬼抱魂 不曾割捨
쇠 변 사 망　작 귀 포 혼　부 증 할 사

或復聞子 不崇孝義 朋逐異端 無賴麤頑
혹 부 문 자　불 숭 효 의　붕 축 이 단　무 뢰 추 완

好習無益 鬪打竊盜 觸犯鄕閭 飲酒樗蒲
호 습 무 익　투 타 절 도　촉 범 향 려　음 주 저 포

奸非過失 帶累兄弟 惱亂爺孃 晨去暮還
간 비 과 실　대 루 형 제　뇌 란 야 양　신 거 모 환

尊親 憂念 不知父母 動止寒溫 晦朔
존 친　우 념　부 지 부 모　동 지 한 온　회 삭

朝晡 永乖扶侍 父母年邁 形貌衰羸
조 포　영 괴 부 시　부 모 년 매　형 모 쇠 리

羞恥見人 嗔呵欺抑
수 치 견 인　진 가 기 억

或復 父孤母寡 獨守空堂 猶若客人
혹 부　부 고 모 과　독 수 공 당　유 야 객 인

寄住他舍 床席塵土 拂拭無時 參問起居
기 주 타 사　상 석 진 토　불 식 무 시　참 문 기 거

從斯斷絕 寒溫飢渴 曾不聞知 晝夜恒常
종 사 단 절　한 온 기 갈　증 불 문 지　주 야 항 상

自嗟自歎 應賚饌物 供養尊親 每詐羞慙
자 차 자 탄　응 뢰 찬 물　공 양 존 친　매 사 수 참

異人怪笑　或持時食　供給妻兒　醜拙疲勞
이 인 괴 소　혹 지 시 식　공 급 처 아　추 졸 피 로

無避羞恥　妻妾約束　每事依從　尊者嗔喝
무 피 수 치　처 첩 약 속　매 사 의 종　존 자 진 갈

全無畏懼
전 무 외 구

或復是女　通配他人　未嫁之時　咸皆孝順
혹 부 시 녀　통 배 타 인　미 가 지 시　함 개 효 순

婚嫁已訖　不孝逐增　父母微嗔　即生怨恨
혼 가 이 흘　불 효 축 증　부 모 미 진　즉 생 원 한

夫壻打罵　忍受甘心　異姓他宗　情深眷重
부 서 타 매　인 수 감 심　이 성 타 종　정 심 권 중

自家骨肉　却已爲疎　或隨夫壻　外郡他鄉
자 가 골 육　각 이 위 소　혹 수 부 서　외 군 타 향

離別爺孃　無心戀慕　斷絕消息　音信　不
이 별 야 양　무 심 연 모　단 절 소 식　음 신　불

通　令使爺孃　懸腸掛肚　常己倒懸　每
통　영 사 야 양　현 장 괘 두　상 기 도 현　매

思見面　如渴思漿　無有休息　父母恩
사 견 면　여 갈 사 장　무 유 휴 식　부 모 은

德無量無邊　不孝之愆　卒陳難報
덕 무 량 무 변　불 효 지 건　졸 진 난 보

爾時　大眾　聞佛所説　父母恩德　擧身
이 시　대 중　문 불 소 설　부 모 은 덕　거 신

投地 渾推自撲 身毛孔中 悉皆流血
투 지 혼 추 자 박 신 모 공 중 실 개 유 혈

悶絶辟地 良久乃蘇 高聲唱言 苦哉痛哉
민 절 벽 지 양 구 내 소 고 성 창 언 고 재 통 재

我等今者 深是罪人 從來未覺 冥若夜遊
아 등 금 자 심 시 죄 인 종 내 미 각 명 약 야 유

今悟知非 心膽俱碎 惟願世尊 哀愍救拔
금 오 지 비 심 담 구 쇄 유 원 세 존 애 민 구 발

云何報得 父母深恩
운 하 보 득 부 모 심 은

爾時 如來 即以 八種深重梵音 告諸
이 시 여 래 즉 이 팔 종 심 중 범 음 고 제

大衆 汝等當知 吾今爲汝 分別解説
대 중 여 등 당 지 오 금 위 여 분 별 해 설

假使有人 左肩 擔父 右肩 擔母 硏皮
가 사 유 인 좌 견 담 부 우 견 담 모 연 피

至骨 骨穿至髓 遶須彌山 經百千匝
지 골 골 천 지 수 요 수 미 산 경 백 천 잡

猶不能報 父母深恩
유 불 능 보 부 모 심 은

假使有人 飢遭饉劫 爲於爺孃 盡其己身
가 사 유 인 기 조 근 겁 위 어 야 양 진 기 기 신

臠割碎壞 猶如微塵 經百千劫 猶不能報
연 할 쇄 괴 유 여 미 진 경 백 천 겁 유 불 능 보

父母深恩
부　모　심　은

假使有人　手執利刀　爲於爺孃　割其眼睛
가　사　유　인　수　집　이　도　위　어　야　양　할　기　안　정

獻於如來　經百千劫　猶不能報　父母深恩
헌　어　여　래　경　백　천　겁　유　불　능　보　부　모　심　은

假使有人　爲於爺孃　亦以利刀　割其心肝
가　사　유　인　위　어　야　양　역　이　이　도　할　기　심　간

血流遍地　不辭痛苦　經百千劫　猶不能報
혈　류　변　지　불　사　통　고　경　백　천　겁　유　불　능　보

父母深恩
부　모　심　은

假使有人　爲於爺孃　百千刀輪　於自身中
가　사　유　인　위　어　야　양　백　천　도　륜　어　자　신　중

左右出入　經百千劫　猶不能報　父母深恩
좌　우　출　입　경　백　천　겁　유　불　능　보　부　모　심　은

假使有人　爲於爺孃　體掛身燈　供養如來
가　사　유　인　위　어　야　양　체　괘　신　등　공　양　여　래

經百千劫　猶不能報　父母深恩
경　백　천　겁　유　불　능　보　부　모　심　은

假使有人　爲於爺孃　打骨出髓　百千鋒戟
가　사　유　인　위　어　야　양　타　골　출　수　백　천　봉　극

一時刺身　經百千劫　猶不能報　父母深恩
일　시　자　신　경　백　천　겁　유　불　능　보　부　모　심　은

假使有人 爲於爺孃 呑熱鐵丸 經百千劫
가 사 유 인 위 어 야 양 탄 열 철 환 경 백 천 겁

遍身燋爛 猶不能報 父母深恩
변 신 초 란 유 불 능 보 부 모 심 은

第 4 章 果報顯應
제 4 장 과 보 현 응

爾時大衆 聞佛所說 父母恩德 垂淚
이 시 대 중 문 불 소 설 부 모 은 덕 수 루

悲泣 白佛言 世尊 我等 今者 深是罪人
비 읍 백 불 언 세 존 아 등 금 자 심 시 죄 인

云何 報得 父母深恩 佛告弟子 欲得
운 하 보 득 부 모 심 은 불 고 제 자 욕 득

報恩 爲於父母 書寫此經 爲於父母
보 은 위 어 부 모 서 사 차 경 위 어 부 모

讀誦此經 爲於父母 懺悔罪愆 爲於
독 송 차 경 위 어 부 모 참 회 죄 건 위 어

父母 供養三寶 爲於父母 受持齋戒
부 모 공 양 삼 보 위 어 부 모 수 지 재 계

爲於父母 布施修福 若能如是 則名
위 어 부 모 보 시 수 복 약 능 여 시 즉 명

爲孝順之子 不作此行 是地獄人
위 효 순 지 자 부 작 차 행 시 지 옥 인

佛告阿難 不孝之人 身壞命終 墮阿鼻
불 고 아 난　불 효 지 인　신 괴 명 종　타 아 비

無間地獄 此大地獄 縱廣八萬 由旬
무 간 지 옥　차 대 지 옥　종 광 팔 만　유 순

四面鐵城 周廻羅網 其地赤鐵 盛火
사 면 철 성　주 회 라 망　기 지 적 철　성 화

洞然 猛烈炎爐 雷奔電爍 洋銅鐵汁
동 연　맹 렬 염 로　뇌 분 전 삭　양 동 철 즙

流灌罪人 鐵蛇銅狗 恒吐烟炎 澳燒煮炙
유 관 죄 인　철 사 동 구　항 토 연 염　오 소 자 자

脂膏燋燃 苦痛哀哉 難堪難忍 鐵鏘鐵串
지 고 초 연　고 통 애 재　난 감 난 인　철 장 철 관

鐵鎚鐵戟 劍刃刀輪 如雨如雲 空中而下
철 추 철 극　검 인 도 륜　여 우 여 운　공 중 이 하

或斬或刺 苦罰罪人 歷劫受殃 無時間歇
혹 참 혹 자　고 벌 죄 인　역 겁 수 앙　무 시 간 헐

又令更入地獄中 頭戴火盆 鐵車分裂
우 령 갱 입 지 옥 중　두 대 화 분　철 거 분 열

腸肚骨肉 燋爛縱橫 一日之中 千生萬死
장 두 골 육　초 란 종 횡　일 일 지 중　천 생 만 사

受如是苦 皆因前身 五逆不孝 故獲斯罪
수 여 시 고　개 인 전 신　오 역 불 효　고 획 사 죄

爾時 大衆 聞佛所説 父母恩德 垂淚
이 시　대 중　문 불 소 설　부 모 은 덕　수 루

悲泣 告於如来 我等 今者 云何報得
비읍 고어여래 아등 금자 운하보득

父母深恩 佛告弟子 欲得報恩 爲於父母
부모심은 불고제자 욕득보은 위어부모

重興經典 是眞 報得父母恩也 能造一卷
중흥경전 시진 보득부모은야 능조일권

得見一佛 能造十卷 得見十佛 能造百卷
득견일불 능조십권 득견십불 능조백권

得見百佛 能造千卷 得見千佛 能造萬卷
득견백불 능조천권 득견천불 능조만권

得見萬佛 緣此等人 造經力故 是諸佛等
득견만불 연차등인 조경력고 시제불등

常來擁護 令使其人父母 得生天上 受諸
상내옹호 영사기인부모 득생천상 수제

快樂 永離地獄苦
쾌락 영리지옥고

第 5 章 流通分
제 5 장 유통분

爾時 大衆 阿修羅 迦樓羅 緊那羅 摩
이시 대중 아수라 가루라 긴나라 마

睺羅伽 人 非人等 天 龍 夜叉 乾闥婆
후라가 인 비인등 천 용 야차 건달바

及諸小王 轉輪聖王 是諸大衆 聞佛所說
급 제 소 왕 전 륜 성 왕 시 제 대 중 문 불 소 설

各發願言 我等 盡未來際 寧碎此身
각 발 원 언 아 등 진 미 래 제 영 쇄 차 신

猶如微塵 經百千劫 誓不違於 如來聖敎
유 여 미 진 경 백 천 겁 서 불 위 어 여 래 성 교

寧以百千劫 拔出其舌 長百由旬 鐵犂
영 이 백 천 겁 발 출 기 설 장 백 유 순 철 리

耕之 血流成河 誓不違於 如來聖敎
경 지 혈 류 성 하 서 불 위 어 여 래 성 교

寧以百千刀輪 於自身中 左右出入
영 이 백 천 도 륜 어 자 신 중 좌 우 출 입

誓不違於 如來聖敎 寧以鐵網 周匝纏身
서 불 위 어 여 래 성 교 영 이 철 망 주 잡 전 신

經百千劫 誓不違於 如來聖敎 寧以剉碓
경 백 천 겁 서 불 위 어 여 래 성 교 영 이 좌 대

斬碎其身 百千萬斷 皮肉觔骨 悉皆零落
참 쇄 기 신 백 천 만 단 피 육 근 골 실 개 영 락

經百千劫 終不違於 如來聖敎
경 백 천 겁 종 불 위 어 여 래 성 교

爾時 阿難 白佛言 世尊 此經 當何名之
이 시 아 난 백 불 언 세 존 차 경 당 하 명 지

云何奉持 佛告 阿難 此經 名爲 大報
운 하 봉 지 불 고 아 난 차 경 명 위 대 보

父母恩重經 已是名字 汝當奉持 爾時
부 모 은 중 경　이 시 명 자　여 당 봉 지　이 시

大衆 天 人 阿修羅等 聞佛所説 皆大
대 중　천 인　아 수 라 등　문 불 소 설　개 대

歡喜 信受奉行 作禮而退
환 희　신 수 봉 행　작 례 이 퇴

부모은중경

제1장 일반적인 동기

이와 같이 내가 들었다.

어느 때 부처님께서 사위국 왕사성 기원정사에 계실 적에 큰 비구들 삼만 팔천 명과 한량없는 보살마하살들과 함께 하시었다.

제2장 이 경의 동기

그때에 세존께서는 대중을 거느리고 남쪽으로 가시다가 마른 뼈 한 무더기를 보시자 다섯 활개 땅에 던져 마른 뼈에다 절을 하셨다.

이때 아난 등 대중이 부처님께 사뢰었다.

"세존이시여, 여래께서는 삼계의 큰 스승이시며 사생의 인자한 어버이시어서 많은 대중들의 공경을 받으시거늘 어찌하여 이 마른 뼈에다 절을 하시옵니까?"

부처님께서 아난에게 말씀하셨다.

“너는 비록 나의 우두머리 제자로서 출가한
지가 오래 되었건만 아는 것이 넓지 못하구
나. 이 한 무더기의 뼈는 혹시 나의 전생의
할아버지이거나 부모일 것이기에 절을 하였
느니라.”

부처님께서 다시 아난에게 말씀하셨다.

“너는 이 한 무더기의 백골을 두 몫으로 나
누어 살펴 보라.”

“만일 남자의 뼈라면 희고 무거울 것이요,
만일 여자의 뼈라면 검고 가벼울 것이니라.”

아난이 여쭈었다.

“세존이시여, 남자가 세상에 있을 때엔 큰
옷을 입고 띠를 매고 신을 신고 사모를 써서
단장했기에 남자인 줄 알 것이요, 여자가 세
상에 있을 때엔 연지 곤지를 진하게 바르고
난향과 사향을 간직했기에 여자인 줄 알겠지

만 지금 이 백골은 한 모습이거늘 어떻게 절

더러 알아보라 하시나이까?"

부처님께서 아난에게 말씀하셨다.

"만일 남자라면 세상에 있을 때에 절에 들어

가서 법문도 듣고 경도 읽고, 삼보께 예배도

하고, 부처님의 명호를 염송하기도 하였으므

로 백골이 희고 무겁거니와, 만일 여자라면

마음대로 음욕을 생각하고, 아들딸 낳아 기

름에 있어 아기를 낳을 적마다 서말 서되의

피를 흘리고 여덟섬 너말의 젖을 먹였나니,

그러기에 검고도 가벼우니라."

아난이 이 말씀을 듣자 가슴이 찢어지는 듯 눈

물을 흘리며 슬피 울면서 부처님께 사뢰었다.

"세존이시여, 부모의 은덕을 어찌하여야 갚

을 수 있사옵니까?"

부처님께서 아난에게 말씀하셨다.

"자세히 들어라. 말해 주리라. 어머니가 아

기를 배면 열 달 동안 몹시 괴로워하느니라.

어머니가 아기를 밴 지 1개월에는 마치 풀 끝의 이슬 같아서 아침에서 저녁을 보존할 수 없나니, 아침에 모였다가 낮에 흩어지기도 하기 때문이니라.

어머니가 아기를 밴 지 2개월에는 마치 땅에 쏟아진 식은 우유와 같고, 3개월에는 마치 엉긴 핏덩이 같고, 4개월에는 사람의 모습이 비슷하게 이루어지고, 5개월에는 뱃속에서 오포가 이루어지는데, 오포라 함은 머리와 두 팔과 두 무릎이니라.

어머니가 아기를 밴 지 6개월에는 아기의 육정이 이루어지는데, 육정이라 함은 눈·귀·코·입·혀·뜻의 정기요, 7개월에는 뱃속에서 3백60 뼈마디와 8만 4천의 털구멍이 생기느니라.

어머니가 아기를 밴 지 8개월에는 의지가 생

기고 구규가 자라나는데, 구규라 함은 두 눈
과 두 귀와 코와 입과 배꼽과 대변도와 소변
도니라.

어머니가 아기를 밴 지 9개월에는 아기가 뱃
속에서 먹을 것을 먹되 복숭아, 배, 마늘, 과
일, 오곡의 음식을 직접 먹지 않으니, 아기
를 밴 어머니의 생장[심장등]은 아래로 향하
고 숙장[대장 등]은 위로 향하는데, 그 사이
에 하나의 산이 있어 세 가지 이름이 있으
니, 첫째는 수미산이요 둘째는 업산이요 셋
째는 혈산인데, 이 산이 한 번씩 무너지면서
한 가닥의 엉긴 핏줄기가 아기의 입으로 흘
러 들어가느니라.

어머니가 아기를 밴 지 10개월에는 비로소
태어나게 되는데, 만일 효순한 자녀라면 주
먹을 모아 합장하고 나와서 어머니를 괴롭히
지 않겠지만, 만일 오역의 자식이면 어머니

의 포태를 쥐어뜯거나 간을 움켜잡거나 발로
엉덩뼈를 버티어 어머니로 하여금 천 개의
칼로 배를 가르듯 만 개의 창으로 가슴을 쑤
시듯 고통을 느끼게 하느니라.
이렇게 심한 고통을 겪으면서 아기를 낳으
니, 나아가 열 가지 은혜가 있나니라.

첫째는 뱃속에 품고 지켜주신 은혜이니 게송
으로 말하리라.

여러 겁에 인연이 지중해서
금생에도 모태에 의탁했네.
달이 차서 오장이 생겨나고
일곱달 이레에는 육정이 완성된다.
몸은 둔해 산같이 무거우니
앉고 설 땐 풍재인양 아찔하다.
비단옷은 걸쳐 볼 생각조차 없고
경대에는 먼지만 자욱하였네.

둘째는 낳으실 때 고생하신 은혜이니, 게송
으로 말하리라.

　　　잉태한 지 열 달이 차고 나면
　　　그 고통은 저승의 문턱이라.
　　　아침마다 중병을 치른 듯하고
　　　매일같이 까무라친 사람 같네.
　　　두려움은 기억조차 할 수 없고
　　　근심은 눈물되어 옷깃을 적시도다.
　　　시름에 겨워 친척에게 이르는 말이
　　　살아남지 못할까 걱정이라네.

셋째는 해산한 뒤에 근심을 놓으신 은혜이니,
게송으로 말하리라.

　　　어머니가 그대 낳던 날
　　　오장은 온통 찢기었나니
　　　몸도 마음도 까무라치고
　　　흘러내린 피는 도수장 같았다.
　　　그러고도 아기 건강탄 말 듣고

기뻐함이 평시의 곱이나 된다.

기쁨은 잠시요 슬픔이 다시 오니

산후의 고통이 간장을 에운다.

넷째는 쓴 것은 삼키시고 단 것은 뱉아서 먹

여주신 은혜이니, 게송으로 말하리라.

부모의 은혜는 깊고도 무거워서

보살펴 주는 일 때를 잃지 않는다.

단 것은 뱉아서 자시지 않고

쓴 것은 삼키되 찡그리지 않는다.

애정은 무거워 숨길 수 없고

은혜는 깊어서 차라리 서럽다.

아기 배 부르기만 바랄 뿐

당신의 시장함은 사양치 않는다.

다섯째는 젖은 데로 누으시고 마른 데로 뉘

여주신 은혜이니, 게송으로 말하리라.

어머니 자신은 온통 젖었어도

아기는 마른 데로 골라 누인다.

두 젖으로는 아기 배를 채우고

고운 옷소매로는 찬바람 가려 준다.

아기 보살피기에 단잠을 설쳤어도

귀여운 재롱에 기쁨으로 변한다.

언제나 아기의 편안함만 바랄 뿐

자신의 고달픔은 생각지 않는다.

여섯째는 젖을 먹여 길러주신 은혜이니, 게
송으로 말하리라.

어머니의 사랑은 땅에 견주고

아버지의 은혜는 하늘에 비기니

하늘 땅의 은공이 균등하듯이

부모님의 은혜도 그러하여라.

두 눈이 멀었어도 개의치 않고

팔다리 절더라도 싫어하지 않나니

내 속에서 태어난 자식이기에

종일토록 아끼시고 귀여워하네.

일곱째는 더러운 것을 씻어주신 은혜이니,

게송으로 말하리라.

　　　지난 날 예뻤던 몸매

　　　퍽이나 풍만했으니

　　　눈썹은 버들 잎 같고

　　　두 뺨은 연꽃보다 붉었는데,

　　　깊은 애정으로 얼굴엔 주름살 늘고

　　　잦은 빨래로 손거을 녹슬건만

　　　오로지 아들딸 사랑하는 정성으로

　　　어머니는 비로소 매무새를 추스리네.

여덟째는 멀리 떨어져 있으면 걱정하신 은혜이니, 게송으로 말하리라.

　　　죽어서 이별함도 잊을 길 없지만

　　　살아서 헤어짐은 더욱 슬픈 일이니

　　　자식이 집을 떠나 타관에 있으면

　　　어머니의 마음도 타향에 가 있다.

　　　낮이나 밤이나 마음에 되씹으며

　　　흘리는 눈물은 천 줄긴가 만 줄긴가.

원숭이가 새끼 찾아 슬퍼 울듯이

자식 생각 구비구비 애가 끓는다.

아홉째는 자식들을 위하여 궂은 일을 하신

은혜이니, 게송으로 말하리라.

부모의 은혜는 강산보다 중하니

깊으신 그 은혜 보답키 어려워라.

아들의 괴로움을 대신 받기 원하고

아들이 괴로우면 부모 마음 편치 않네.

멀리 집 떠난단 말 들으면

집 나간 밤부터 단잠을 설치나니

자식들의 수고는 대수롭지 않아도

어머니의 마음은 오래도록 쓰리네.

열째는 끝까지 사랑하신 은혜이니, 게송으로

말하리라.

부모의 은혜는 깊고도 무거울사

예뻐해 주는 정 잠시도 끊임없네.

앉았거나 섰거나 마음에서 안 떠나고

가깝거나 멀거나 생각 항상 따라가네.

부모 연세 백 살이 넘어도

여든 살의 자식을 걱정하나니

간절한 그 애정 언제나 끝날꼬.

두 눈을 감아야 비로소 다하려나.

제3장 불효의 업을 널리 말씀하심

부처님께서 다시 아난에게 말씀하셨다.

"내가 중생들을 관찰하니 비록 인간의 탈은
썼으나 마음씨는 어리석어서 부모의 거룩한
은혜를 생각지 않고 공경할 마음을 내지도
않으며 은덕을 등지고 인자하지 못하여 불효
와 불의를 범하는 자가 많으니라. 어머니가
잉태한 지 열 달 동안에는 앉고 섬에 편안치
않음이 마치 무거운 짐을 진 것 같고, 음식
을 소화시키지 못함은 마치 중병을 앓는 이
같으니라.

달이 차서 아기를 낳을 때는 온갖 고통을 받
나니, 잠깐잠깐 증세에 따라 죽음을 당할까
걱정하기도 하고, 마치 돼지나 염소를 잡은
듯 피가 흘러 땅을 뒤덮기도 하느니라.
이러한 고통 끝에 이 몸을 낳은 뒤에는 쓴 것
은 자신이 삼키고 단 것은 뱉아서 먹이며 품
에 껴안아 고이 기르고 똥·오줌 빨래하여도
수고롭다 여기지 않고, 추위와 더위를 견디되
고달프다 생각지 않으며 마른자리에는 아기
를 누이고 젖은 자리에는 자신이 눕는다.
3년 동안 어머니의 젖을 먹여 아기가 자라
동자 되고, 다시 성년이 되면 서둘러 예절을
가르치고, 시집·장가 보내기와 보다 큰 학
문을 가르치기 위해 갖가지로 돈벌이 사업을
하며, 이고 지고 고생스럽게 품을 팔아 고통
이 극치에 이르나 사랑을 멈출 생각은 전혀
없다.

아들·딸이 병이 나면 부모도 병이 나고 아기의 병이 낳으면 어머니도 쾌차한다.

이렇듯이 양육하여 어서 어른되기를 바랐다.

성장하고 나서는 도리어 불효하여 어른과 이야기 할 때엔 거칠게 대꾸하며 눈 흘기고 부리리면서 백부·숙부들까지 능멸한다.

형제 간에 때리고 욕설하며, 친척 간의 정의를 파괴하며, 예의가 없어서 스승의 가르침을 따르지 않으며, 부모의 분부는 애초부터 거스르고, 형제 간의 조언에는 짐짓 어긋장을 낸다.

출입하고 왕래할 때엔 어른들께 알리지 않고, 언행이 거만하고 성글어 제멋대로 일을 처리한다. 부모는 훈계하여 벌주어야 하고, 숙부·백부도 잘못을 일러주어야 하거늘 '어린 것이 귀엽다' 하여 어른들이 감싸기만 하다가 차츰차츰 장성한 뒤에는 머트러워져서

길들여지지 않는다.

자기의 어긋남을 승복하지 않고 도리어 화를 내면서 친한 벗을 버리고 나쁜 사람에게 편들어 습관이 성품을 이룬 뒤에는 마침내 몹쓸 계교를 세운다.

남의 꼬임에 빠져 타향으로 도망해서 부모를 등지고 타관에 살면서 혹은 장삿길을 위해서나 혹은 패싸움 때문에 그럭저럭 지내다가 문득 혼인을 하고는 이것이 장애가 되어 오래도록 집에 돌아가지 않는다.

혹은 타향에서 행동을 삼가지 못하다가 남의 모략을 받아 까닭 없는 구금을 당하거나 억울한 형벌을 받아 칼과 족쇄를 쓰고 옥에 갇히기도 하고 혹은 병에 걸려 액난이 뒤엉키고 시장함과 괴로움에 시달려도 아무도 보살피는 이가 없다가, 남들의 혐오를 받아 길거리에 버려지면 이로 인해 목숨을 마쳐도 아무도 구해 주는 이가 없다.

퉁퉁 붓고 물러터진 뒤 볕에 쪼이고 바람에 나부껴 백골이 타관 땅에 굴러다니니, 부모와 친척을 기쁘게 만날 기회는 영원히 없어졌건만 부모의 마음은 항상 자식을 따라가 있어 영원히 근심을 풀지 못한다. 혹은 눈물 흘려 울다가 실명하기도 하고, 혹은 슬퍼함 때문에 기가 넘어 병을 이루기도 하고, 혹은 자식 걱정으로 쇠약해진 끝에 한을 품고 죽어 귀신이 되더라도 자식 걱정은 잠시도 버리지 못한다.

또 듣건대 자식이 효의를 숭상하지 않고 이단들과 패거리를 이루며 무뢰하고 거칠어서 이익 없는 짓만을 즐기어 익히며, 싸우고 때리고 도적질해서 남의 마을을 침범하며 술 마시고 도박하는 등 간악한 허물을 두루 지어 형제들에게 누를 끼치고 부모를 근심시킨다. 새

벽에 나갔다가 저녁에 돌아오니 어른들은 걱
정하나 부모의 안부조차 모르고 날마다 시각
마다 받들어 섬기는 법칙을 영원히 어기다가,
부모가 나이 높아 물골이 쇠락하면 남들 보기
에 수치스럽다고 꾸짖고 구박한다.

혹은 부모가 홀로 되어 독수공방하면 마치
객실에 묵는 나그네 같이 여겨 방과 이부자
리를 털거나 닦는 적이 없으며, 조석문안은
아예 끊어 추운지 더운지 주린지 목마른지를
전혀 아는 체 하지 않으므로 부모로 하여금
밤과 낮에 항상 슬퍼 탄식케 한다.

음식을 꾸려다가 어른께 공궤해야 할 때에는
항상 창피하게 여기거나 남들이 비웃는다 해
서 꺼리면서도, 처자에게 갖다 줄 때에는 궁
색하고 피로하고 창피하여도 잘 참아내며,
처첩과의 약속은 번번히 지키는데 어른들의
꾸지람은 전혀 두려워하지 않는다.

혹 딸자식은 남의 가문으로 시집을 가는데
시집가기 전에는 모두가 효순하다가 혼인한
뒤에는 불효함이 차츰 늘어 부모의 작은 꾸
짖음에도 당장 화를 내나, 서방은 때리고 꾸
짖어도 달갑게 받아들이며, 타성받이에게는
애정이 깊고 정중하면서도 자기 친척에게는
도리어 성글게 대한다.
혹은 남편 따라 타향으로 가서 부모를 여의
면 부모 그리는 마음은 추호도 없이 소식을
끊으며, 소식을 알리지 않으므로써 부모로
하여금 애가 타서 항상 거꾸로 매달린 듯하
게 하며, 얼굴 한번 보기를 항상 원함이 마
치 목마른 이가 마실 것을 찾는 것같이 그칠
날이 없게 하니, 부모의 은덕은 이토록 무량
무변하고 불효의 허물은 이루 다 헤아릴 수
없다."
그때에 대중이 부처님께서 말씀하신 부모의

은덕을 듣고 온몸을 땅에 던져 자기 몸을 스
스로 쥐어뜯으니 몸 위의 털구멍마다에 피가
숫고, 혼절하여 땅 위에 널브러졌다.
조금 있다가 다시 깨어나서 높은 소리로 외
치니, “괴롭고 아프오이다. 저희들은 이제
분명 죄인인데 아직껏 깨닫지 못함이 마치
밤길을 다니듯 캄캄하다가 이제 잘못을 알고
보니 간장이 모두 부서지는 것 같나이다. 바
라옵건대 세존이시여, 저희들을 가엾이 여기
시어 구원하여 주소서. 어찌하여야 부모의
깊은 은혜를 갚을 수 있습니까?” 하였다.
그때에 여래께서 여덟 가지 깊고도 정중한
범음梵音으로 대중에게 이르셨다.
“너희들은 잘 들으라. 내 이제 너희들을 위
하여 분별하고 해설해 주리라.”
가령 어떤 사람이 왼쪽 어깨에 아버지를 받
들고 오른쪽 어깨엔 어머니를 받들고 살가죽

이 닳아 뼈에 이르고 뼈가 뚫어져 골수에 이
르기까지 수미산을 백천 번 돌더라도 부모의
깊은 은혜는 다 갚지 못하느니라.

가령 어떤 사람이 흉년겁을 만나 부모를 위
하여 자기의 몸이 다하기까지 살을 베어 잘
게 썰기를 먼지 같이하고 그렇게 하기를 백
천 겁을 지나더라도 부모의 깊은 은혜는 다
갚지 못하느니라.

가령 어떤 사람이 부모를 위하여 자기 손에
칼을 들고 자기의 눈알을 뽑아 부처님께 바
치기를 백천 겁을 지나더라도 부모의 깊은
은혜는 다 갚지 못하느니라.

또 어떤 사람이 부모를 위하여 역시 칼을 들
고 자기의 심장과 간장을 베어내는데 피가
흘러 온 땅덩이를 다 덮더라도 그 고통을 마
다 않기를 백천 겁을 지나더라도 부모의 깊
은 은혜는 다 갚지 못하느니라.

가령 어떤 사람이 부모를 위하여 백천 개의
칼로 쑤시되 자기 몸의 좌우로 들락날락하게
하기를 백천 겁을 지나더라도 부모의 깊은
은혜는 다 갚지 못하느니라.
가령 어떤 사람이 부모를 위하여 자기 몸을
등불로 삼아 여래께 공양하기를 백천 겁을
지나더라도 부모의 깊은 은혜는 다 갚지 못
하느니라.
가령 어떤 사람이 부모를 위하여 뼈를 부셔
골수를 꺼내고 백천 개의 창으로 몸을 찌르
기를 백천 겁을 지나더라도 부모의 깊은 은
혜는 다 갚지 못하느니라.
가령 어떤 사람이 부모를 위하여 달구어진
무쇠탄자를 삼키기를 백천 겁을 지나면서 온
몸이 타서 문드러지더라도 부모의 깊은 은혜
는 다 갚지 못하느니라.

그때에 대중이 부처님께서 말씀하신 부모의 은덕을 듣고 슬피 울면서 부처님께 사뢰었다.

"세존이시여, 저희들은 이제 깊은 죄인임을 알았나이다. 어찌하여야 부모의 깊은 은혜를 갚을 수 있겠나이까?"

부처님께서 제자들에게 이르셨다.

"은혜를 갚고자 하거든 부모를 위하여 이 경을 쓰고, 부모를 위하여 이 경을 읽고, 부모를 위하여 허물을 참회하고, 부모를 위하여 삼보께 공양하고, 부모를 위하여 재계를 지키고, 부모를 위하여 보시하고 복을 닦으라. 만일 능히 이와 같이 하면 효순한 아들딸이라 하겠지만 만일 이러한 행을 닦지 않으면 지옥의 식구가 될 것이니라."

부처님께서 아난에게 말씀하셨다.

"불효한 아들딸은 목숨이 마친 뒤에 아비무

간지옥에 떨어지나니, 이 큰 지옥은 가로세로가 8만 유순이요, 사면이 무쇠성으로 되었는데 빙둘러 그물이 쳐졌느니라.

그 바닥은 달구어진 무쇠인데 훨훨 타는 불길이 가득 솟고, 맹렬하게 뜨거운 도가니에서는 번개같고 우레같은 불똥이 튀느니라.

구리와 무쇠 녹인 물을 죄인들의 입에다 붓고, 무쇠뱀 구리개가 항상 불꽃 연기를 뿜어 죄인들을 볶아대면 살과 기름이 지글지글 타들어가니 고통스럽고 고통스러움을 견디기 어렵고 참기 어려우니라.

무쇠징과 무쇠꼬치와 무쇠망치와 무쇠창과 검과 칼이 비같이 구름같이 하늘에서 쏟아지면 베이거나 찔려서 죄인들에게 심한 고통을 주되 여러 겁 동안 이런 재앙 받기를 끊일 시간이 없느니라.

또 다시 어떤 지옥에는 머리에 불동이를 이

게 하고 무쇠수레를 몰아 사지를 찢으면 창
자와 뼈가 데어 문드러져서 이리저리 흩어지
나니, 이렇게 반복하여 하루 동안에 천 번
살아나고 만 번 죽나니, 이런 고통을 받는
것은 모두가 전생에 오역의 불효를 범했기
때문이니라.”

그때에 대중들이 부처님께서 말씀하신 부모
의 은덕을 듣고 눈물을 흘려 슬피 울면서 부
처님께 사뢰었다.

“저희들은 오늘 어찌하여야 부모의 깊은 은
혜를 갚을 수 있나이까?”

부처님께서 제자들에게 말씀하셨다.

“은혜를 갚고자 하거든 부모를 위하여 경전
을 펴내라. 이것이 진정 부모의 은혜를 갚는
길이니라.

한 권을 만들면 한 부처님을 뵈올 수 있고,
열 권을 만들면 열 부처님을 뵈올 수 있고,

백 권을 만들면 백 부처님을 뵈올 수 있고,
천 권을 만들면 천 부처님을 뵈올 수 있고,
만 권을 만들면 만 부처님을 뵈올 수 있느니라.
이 사람들이 경을 만든 공덕으로 모든 부처
님들이 항상 오셔서 그 사람을 옹호하시어
그의 부모로 하여금 하늘세계에 태어나서 모
든 쾌락을 받고 지옥의 고통을 영원히 여의
게 해 주시느니라."

제5장 맺는말
그때에 대중과 아수라 가루라 긴나라 마후라
가 인비인 등과 천 용 야차 건달바 등과 그
리고 모든 작은 왕과 전륜성왕 등 모든 대중
이 부처님의 말씀을 듣고 각기 다음과 같이
서원을 세웠다.
"저희들은 오늘로부터 미래세상이 다하도록
차라리 이 몸을 부수어 먼지 같이 하기를 백

천 겁을 지나더라도 맹세코 여래의 거룩하신
가르침을 어기지 않겠나이다.

차라리 백천 겁 동안 혀가 백 유순까지 뽑혀
늘리고 무쇠보습에 갈려 피가 강을 이루더라
도 맹세코 여래의 거룩하신 가르침을 어기지
않겠나이다.

차라리 백천 개의 칼로 몸을 쑤시되 왼쪽과
오른쪽으로 들락날락하게 하더라도 맹세코
여래의 거룩한 가르침을 어기지 않겠나이다.

차라리 무쇠그물에 온 몸을 두루두루 감기고
서 백천 겁을 지나더라도 맹세코 여래의 거
룩한 가르침을 어기지 않겠나이다.

차라리 작두와 맷돌에 이 몸이 갈리고 부수
어져 백·천·만 조각으로 쪼개지고, 가죽과
힘줄과 뼈가 갈기갈기 흩어지기를 백천 겁을
지나더라도 맹세코 여래의 거룩하신 가르침
을 어기지 않겠나이다.”

그때에 아난이 부처님께 사뢰었다.

"세존이시여, 이 경의 이름은 무엇이며, 저
희들이 어떻게 받들어지니오리까?"

부처님께서 아난에게 말씀하셨다.

"이 경의 이름은 대보부모은중경이니, 이 이름
으로 너희들은 받들어지니라."

그때에 대중과 천 인 아수라 등이 부처님의
말씀을 듣잡고 모두가 크게 기뻐하면서 받들
어지니고 물러갔다.

부모은중경

第 1 章 證信序
제 1 장 증신서

如是我聞 一時佛 在 王舍城 閣衛國
여 시 아 문 일 시 불 재 왕 사 성 사 위 국

祇樹給孤獨園 與大比丘 三萬八千人
기 수 급 고 독 원 여 대 비 구 삼 만 팔 천 인

菩薩摩訶薩衆 俱
보 살 마 하 살 중 구

第 2 章 發起序
제 2 장 발기서

爾時 世尊 將領大衆 往詣南行 見一
이 시 세 존 장 령 대 중 왕 예 남 행 견 일

堆枯骨 爾時 如來 五體投地 禮拜枯
퇴 고 골 이 시 여 래 오 체 투 지 예 배 고

骨 阿難 大衆 白佛言 世尊 如來 是
골 아 난 대 중 백 불 언 세 존 여 래 시

三界大師 四生慈父 衆人歸敬 云何
삼 계 대 사 사 생 자 부 중 인 귀 경 운 하

禮拜 枯骨
예 배 고 골

佛告阿難 汝 雖是 吾 上足弟子 出家
불 고 아 난 여 수 시 오 상 족 제 자 출 가

深遠 知事未廣 此 一堆枯骨 或是我
심 원 지 사 미 광 차 일 퇴 고 골 혹 시 아

前世翁祖 累世爺孃 吾今拜禮
전 세 옹 조 누 세 야 양 오 금 배 례

佛告阿難 汝將此 一堆枯骨 分作二分
불 고 아 난 여 장 차 일 퇴 고 골 분 작 이 분

若是 男子骨頭 白了又重 若是 女人
약 시 남 자 골 두 백 료 우 중 약 시 여 인

骨頭 黑了又輕 阿難 白佛言 世尊
골 두 흑 료 우 경 아 난 백 불 언 세 존

男人 在世 衫帶靴帽裝裹 卽知是男兒
남 인 재 세 삼 대 화 모 장 과 즉 지 시 남 아

之身 女人 在世 濃塗赤硃臙脂 蘭麝
지 신 여 인 재 세 농 도 적 주 연 지 난 사

裝裹 卽知是女流之身 如今死後 白骨
장 과 즉 지 시 여 류 지 신 여 금 사 후 백 골

一般 教弟子 如何認得
일 반 교 제 자 여 하 인 득

佛告阿難 若是男人 在世之時 入於伽
불 고 아 난 약 시 남 인 재 세 지 시 입 어 가

藍 聽講誦經 禮拜三寶 念佛名字 所
람 청강송경 예배삼보 염불명자 소

以骨頭 白了又重 女人 在世 恣情婬
이골두 백료우중 여인 재세 자정음

欲 生男養女 一廻生箇孩兒 流出三斗
욕 생남양녀 일회생개해아 유출삼두

三勝凝血 飲孃八斛四斗白乳 所以骨
삼승응혈 음양팔곡사두백유 소이골

頭 黑了又輕 阿難 聞語 痛割於心 垂
두 흑료우경 아난 문어 통할어심 수

淚悲泣 白佛言 世尊 母恩德者 云何
루비읍 백불언 세존 모은덕자 운하

報答
보답

佛告阿難 汝今諦聽諦聽 吾今爲汝 分
불고아난 여금제청제청 오금위여 분

別解說 阿孃 懷子 十月之中 極是辛苦
별해설 아양 회자 시월지중 극시신고

阿孃 一箇月懷胎 恰如草頭上珠 保朝
아양 일개월회태 흡여초두상주 보조

不保暮 早晨聚將來 午時消散去
불보모 조신취장래 오시소산거

阿孃 兩箇月懷胎 恰如撲落凝蘇
아양 양개월회태 흡여박락응소

阿孃 三箇月懷胎 恰如凝血
아 양 삼 개 월 회 태 흡 여 응 혈

阿孃 四箇月懷胎 稍作人形
아 양 사 개 월 회 태 초 작 인 형

阿孃 五箇月懷胎 在孃腹中 生五胞
아 양 오 개 월 회 태 재 양 복 중 생 오 포

何者 名爲五胞 頭爲一胞 兩肘爲
하 자 명 위 오 포 두 위 일 포 양 주 위

三胞 兩膝爲五胞
삼 포 양 슬 위 오 포

阿孃 六箇月懷胎 孩兒 在孃腹中 六
아 양 육 개 월 회 태 해 아 재 양 복 중 육

精 開 何者 名爲六精 眼爲一精 耳爲
정 개 하 자 명 위 육 정 안 위 일 정 이 위

二精 鼻爲三精 口是四精 舌是五精
이 정 비 위 삼 정 구 시 사 정 설 시 오 정

意爲六精
의 위 육 정

阿孃 七箇月懷胎 孩兒 在孃腹中 生
아 양 칠 개 월 회 태 해 아 재 양 복 중 생

三百六十骨節 八萬四千毛孔
삼 백 육 십 골 절 팔 만 사 천 모 공

阿孃 八箇月懷胎 生其意智 長其九竅
아 양 팔 개 월 회 태 생 기 의 지 장 기 구 규

阿孃 九箇月懷胎 孩兒 在孃腹中 喫
아 양 구 개 월 회 태 해 아 재 양 복 중 끽

食 不飡桃梨蒜菓 五穀飮味 阿孃生藏
식 불 손 도 리 산 과 오 곡 음 미 아 양 생 장

向下 熟藏 向上 有一座山 此山 有三
향 하 숙 장 향 상 유 일 좌 산 차 산 유 삼

般名字 一號 須彌山 二號 業山 三號
반 명 자 일 호 수 미 산 이 호 업 산 삼 호

血山 此山 一度崩來 化爲一條凝血
혈 산 차 산 일 도 붕 래 화 위 일 조 응 혈

流入孩兒口中
유 입 해 아 구 중

阿孃 十箇月懷胎 方乃降生 若是孝順
아 양 십 개 월 회 태 방 내 강 생 약 시 효 순

之男 擎拳合掌而生 不損阿孃 若是五
지 남 경 권 합 장 이 생 불 손 아 양 약 시 오

逆之子 擘破阿孃胞胎 手攀阿孃心肝
역 지 자 벽 파 아 양 포 태 수 반 아 양 심 간

脚踏阿孃胯骨 教孃如千刀攪腹 恰似
각 답 아 양 과 골 교 양 여 천 도 교 복 흡 사

萬刃攢心 如斯痛苦 生得此身 猶有十恩
만 인 찬 심 여 사 통 고 생 득 차 신 유 유 십 은

第一 懷耽守護恩 頌曰
제 일 회 탐 수 호 은 송 왈

累劫因緣重　今來託母胎　月逾生五藏
누 겁 인 연 중　금 래 탁 모 태　월 유 생 오 장

七七六精開　體重如山岳　動止怯風災
칠 칠 육 정 개　체 중 여 산 악　동 지 겁 풍 재

羅衣都不掛　裝鏡惹塵埃
나 의 도 불 괘　장 경 야 진 애

第二　臨産受苦恩　頌曰
제 이　임 산 수 고 은　송 왈

懷經十個月　産難欲將臨　朝朝如重病
회 경 십 개 월　산 난 욕 장 림　조 조 여 중 병

日日似惛沈　惶怖難成記　愁淚滿胸襟
일 일 사 혼 침　황 포 난 성 기　수 루 만 흉 금

含悲告親族　惟懼死來侵
함 비 고 친 족　유 구 사 래 침

第三　生子忘憂恩　頌曰
제 삼　생 자 망 우 은　송 왈

慈母生君日　五藏總開張　身心俱悶絶
자 모 생 군 일　오 장 총 개 장　신 심 구 민 절

流血似屠羊　生已聞兒健　歡喜倍加常
유 혈 사 도 양　생 이 문 아 건　환 희 배 가 상

喜定悲還至　痛苦徹心腸
희 정 비 환 지　통 고 철 심 장

第四　咽苦吐甘恩　頌曰
제 사　인 고 토 감 은　송 왈

父母恩深重 恩憐無失時 吐甘無所食
부 모 은 심 중 은 련 무 실 시 토 감 무 소 식

咽苦不嚬眉 愛重情難忍 恩深復倍悲
인 고 불 빈 미 애 중 정 난 인 은 심 부 배 비

但令孩子飽 慈母不辭飢
단 령 해 자 포 자 모 불 사 기

第五 回乾就濕恩 頌曰
제 오 회 건 취 습 은 송 왈

母自身俱濕 將兒以就乾 兩乳充飢渴
모 자 신 구 습 장 아 이 취 건 양 유 충 기 갈

羅袖掩風寒 恩憐恒廢寢 寵弄盡能歡
나 수 엄 풍 한 은 련 항 폐 침 총 농 진 능 환

但令孩兒穩 慈母不求安
단 령 해 아 온 자 모 불 구 안

第六 乳哺養育恩 頌曰
제 육 유 포 양 육 은 송 왈

慈母象於地 嚴父配於天 覆載恩將等
자 모 상 어 지 엄 부 배 어 천 부 재 은 장 등

父孃意亦然 不憎無眼目 不嫌手足攣
부 양 의 역 연 부 증 무 안 목 불 혐 수 족 련

誕腹親生子 終日惜兼憐
탄 복 친 생 자 종 일 석 겸 련

第七 洗濯不淨恩 頌曰
제 칠 세 탁 부 정 은 송 왈

憶昔美容質　姿媚甚豊濃　眉分翠柳色
억 석 미 용 질　자 미 심 풍 농　미 분 취 류 색

兩臉奪蓮紅　恩深摧玉貌　洗濯損盤龍
양 검 탈 연 홍　은 심 최 옥 모　세 탁 손 반 룡

只爲憐男女　慈母改顏容
지 위 연 남 녀　자 모 개 안 용

第八　遠行憶念恩　頌曰
제 팔　원 행 억 념 은　송 왈

死別誠難忘　生離實亦傷　子出關山外
사 별 성 난 망　생 리 실 역 상　자 출 관 산 외

母意在他鄉　日夜心相逐　流淚數千行
모 의 재 타 향　일 야 심 상 축　유 루 수 천 행

如猿泣愛子　憶念斷肝腸
여 원 읍 애 자　억 념 단 간 장

第九　爲造惡業恩　頌曰
제 구　위 조 악 업 은　송 왈

父母江山重　恩深報實難　子苦願代受
부 모 강 산 중　은 심 보 실 난　자 고 원 대 수

兒勞母不安　聞道遠行去　行遊夜臥寒
아 로 모 불 안　문 도 원 행 거　행 유 야 와 한

男女暫辛苦　長使母心酸
남 녀 잠 신 고　장 사 모 심 산

第十　究竟憐愍恩　頌曰
제 십　구 경 연 민 은　송 왈

父母恩深重 恩憐無歇時 起坐心相逐
부 모 은 심 중　은 련 무 헐 시　기 좌 심 상 축

遠近意常隨 母年一百歲 常憂八十兒
원 근 의 상 수　모 년 일 백 세　상 우 팔 십 아

欲知恩愛斷 命盡始分離
욕 지 은 애 단　명 진 시 분 리

第 3 章 廣説業難
제 3 장 광 설 업 난

佛告阿難 我觀衆生 雖紹人品 心行
불 고 아 난　아 관 중 생　수 소 인 품　심 행

愚蒙 不思爺孃 有大恩德 不生恭敬
우 몽　불 사 야 양　유 대 은 덕　불 생 공 경

棄恩背德 無有仁慈 不孝不義 阿孃
기 은 배 덕　무 유 인 자　불 효 불 의　아 양

懷子十月之中 起坐不安 如擎重擔
회 자 십 월 지 중　기 좌 불 안　여 경 중 담

飮食不下 如長病人 月滿生時 受諸
음 식 불 하　여 장 병 인　월 만 생 시　수 제

苦痛 須臾好惡 恐爲無常 如殺猪羊
고 통　수 유 호 오　공 위 무 상　여 살 저 양

血流遍地 受如是苦 生得此身 咽苦吐甘
혈 류 변 지　수 여 시 고　생 득 차 신　인 고 토 감

抱持養育 洗濯不淨 不憚劬勞 忍熱
포 지 양 육　세 탁 부 정　불 탄 구 로　인 열

忍寒 不思辛苦 乾處 兒臥 濕處 母眠
인 한　불 사 신 고　건 처　아 와　습 처　모 면

三年之中 飮母白血 嬰孩童子乃至盛年
삼 년 지 중　음 모 백 혈　영 해 동 자 내 지 성 년

將教禮義 婚嫁官學 備求資業 携荷艱辛
장 교 예 의　혼 가 관 학　비 구 자 업　휴 하 간 신

勤苦之終 不言恩絶 男女有病 父母病生
근 고 지 종　불 언 은 절　남 녀 유 병　부 모 병 생

子若病愈 慈母方差 如斯養育 願早成人
자 약 병 유　자 모 방 차　여 사 양 육　원 조 성 인

及其長成 反爲不孝 尊親共語 應對
급 기 장 성　반 위 불 효　존 친 공 어　응 대

愹憚 拗眼戾睛 欺凌伯叔
옹 강　요 안 려 정　기 능 백 숙

打罵兄弟 毁辱親情 無有禮義 不遵師
타 매 형 제　훼 욕 친 정　무 유 예 의　부 준 사

範 父母教令 元不依從 兄弟共言 故
범　부 모 교 령　원 불 의 종　형 제 공 언　고

相拗戾 出入往來 不啓尊人 言行 高疎
상 요 려　출 입 왕 래　불 계 존 인　언 행　고 소

擅意爲事 父母訓罰 伯叔 語非 童幼
천 의 위 사　부 모 훈 벌　백 숙　어 비　동 유

憐愍 尊人 遮護 漸漸長成 捍戾不調
연 민 존 인 차 호 점 점 장 성 한 려 부 조

不伏觝違 反生嗔恨 棄諸親友 朋附惡
불 복 휴 위 반 생 진 한 기 제 친 우 붕 부 악

人 習己性成 逐爲狂計 被人誘引 逃
인 습 기 성 성 축 위 광 계 피 인 유 인 도

竄他鄉 違背爺孃 離家別貫 或因經紀
찬 타 향 위 배 야 양 이 가 별 관 혹 인 경 기

或爲征行 荏苒因循 便爲婚娶 由斯留礙
혹 위 정 행 임 염 인 순 편 위 혼 취 유 사 유 애

久不還家
구 불 환 가

或在他鄉 不能謹慎 被人謀點 橫事鉤牽
혹 재 타 향 불 능 근 신 피 인 모 점 횡 사 구 견

枉被刑責 牢獄枷鎖 或遭病患 厄難縈纏
왕 피 형 책 뇌 옥 가 쇄 혹 조 병 환 액 난 영 전

困苦飢羸 無人看侍 被他嫌賤 委棄街衢
곤 고 기 리 무 인 간 시 피 타 혐 천 위 기 가 구

因此命終 無人救療 膨脹爛壞 日曝風吹
인 차 명 종 무 인 구 료 팽 창 난 괴 일 폭 풍 취

白骨 飄零 寄他鄉土 便與親族 歡會
백 골 표 령 기 타 향 토 편 여 친 족 환 회

長乖 父母心隨 永懷憂念 或因啼血
장 괴 부 모 심 수 영 회 우 념 혹 인 제 혈

眼闇目盲 或爲悲哀 氣咽成病 或緣憶子
안 암 목 맹　혹 위 비 애　기 인 성 병　혹 연 억 자

衰變死亡 作鬼抱魂 不曾割捨
쇠 변 사 망　작 귀 포 혼　부 증 할 사

或復聞子 不崇孝義 朋逐異端 無賴麤頑
혹 부 문 자　불 숭 효 의　붕 축 이 단　무 뢰 추 완

好習無益 鬪打竊盜 觸犯鄉閭 飲酒樗蒲
호 습 무 익　투 타 절 도　촉 범 향 려　음 주 저 포

奸非過失 帶累兄弟 惱亂爺孃 晨去暮還
간 비 과 실　대 누 형 제　뇌 란 야 양　신 거 모 환

尊親 憂念 不知父母 動止寒溫 晦朔
존 친　우 념　부 지 부 모　동 지 한 온　회 삭

朝晡 永乖扶侍 父母年邁 形貌衰羸
조 포　영 괴 부 시　부 모 년 매　형 모 쇠 리

羞恥見人 嗔呵欺抑
수 치 견 인　진 가 기 억

或復 父孤母寡 獨守空堂 猶若客人
혹 부　부 고 모 과　독 수 공 당　유 야 객 인

寄住他舍 床席塵土 拂拭無時 參問起居
기 주 타 사　상 석 진 토　불 식 무 시　참 문 기 거

從斯斷絶 寒溫飢渴 曾不聞知 晝夜恒常
종 사 단 절　한 온 기 갈　증 불 문 지　주 야 항 상

自嗟自歎 應賚饌物 供養尊親 每詐羞慙
자 차 자 탄　응 뢰 찬 물　공 양 존 친　매 사 수 참

異人怪笑 或持時食 供給妻兒 醜拙疲勞
이 인 괴 소　혹 지 시 식　공 급 처 아　추 졸 피 로

無避羞恥 妻妾約束 每事依從 尊者嗔喝
무 피 수 치　처 첩 약 속　매 사 의 종　존 자 진 갈

全無畏懼
전 무 외 구

或復是女 通配他人 未嫁之時 咸皆孝順
혹 부 시 녀　통 배 타 인　미 가 지 시　함 개 효 순

婚嫁已訖 不孝逐增 父母微嗔 即生怨恨
혼 가 이 흘　불 효 축 증　부 모 미 진　즉 생 원 한

夫壻打罵 忍受甘心 異姓他宗 情深眷重
부 서 타 매　인 수 감 심　이 성 타 종　정 심 권 중

自家骨肉 却已爲疎 或隨夫壻 外郡他鄉
자 가 골 육　각 이 위 소　혹 수 부 서　외 군 타 향

離別爺孃 無心戀慕 斷絶消息 音信不
이 별 야 양　무 심 연 모　단 절 소 식　음 신 불

通 令使爺孃 懸腸掛肚 常己倒懸 每
통　영 사 야 양　현 장 괘 두　상 기 도 현　매

思見面 如渴思漿 無有休息 父母恩
사 견 면　여 갈 사 장　무 유 휴 식　부 모 은

德無量無邊 不孝之愆 卒陳難報
덕 무 량 무 변　불 효 지 건　졸 진 난 보

爾時 大衆 聞佛所說 父母恩德 擧身
이 시 대 중　문 불 소 설　부 모 은 덕　거 신

投地 渾推自撲 身毛孔中 悉皆流血
투 지 혼 추 자 박 신 모 공 중 실 개 유 혈

悶絶辟地 良久乃蘇 高聲唱言 苦哉痛哉
민 절 벽 지 양 구 내 소 고 성 창 언 고 재 통 재

我等今者 深是罪人 從來未覺 冥若夜遊
아 등 금 자 심 시 죄 인 종 내 미 각 명 약 야 유

今悟知非 心膽俱碎 惟願世尊 哀愍救拔
금 오 지 비 심 담 구 쇄 유 원 세 존 애 민 구 발

云何報得 父母深恩
운 하 보 득 부 모 심 은

爾時 如來 即以 八種深重梵音 告諸
이 시 여 래 즉 이 팔 종 심 중 범 음 고 제

大衆 汝等當知 吾今爲汝 分別解説
대 중 여 등 당 지 오 금 위 여 분 별 해 설

假使有人 左肩 擔父 右肩 擔母 研皮
가 사 유 인 좌 견 담 부 우 견 담 모 연 피

至骨 骨穿至髓 遶須彌山 經百千匝
지 골 골 천 지 수 요 수 미 산 경 백 천 잡

猶不能報 父母深恩
유 불 능 보 부 모 심 은

假使有人 飢遭饉劫 爲於爺孃 盡其己身
가 사 유 인 기 조 근 겁 위 어 야 양 진 기 기 신

臠割碎壞 猶如微塵 經百千劫 猶不能報
연 할 쇄 괴 유 여 미 진 경 백 천 겁 유 불 능 보

父母深恩
부 모 심 은

假使有人　手執利刀　爲於爺孃　割其眼睛
가 사 유 인　수 집 이 도　위 어 야 양　할 기 안 정

獻於如來　經百千劫　猶不能報　父母深恩
헌 어 여 래　경 백 천 겁　유 불 능 보　부 모 심 은

假使有人　爲於爺孃　亦以利刀　割其心肝
가 사 유 인　위 어 야 양　역 이 이 도　할 기 심 간

血流遍地　不辭痛苦　經百千劫　猶不能報
혈 류 변 지　불 사 통 고　경 백 천 겁　유 불 능 보

父母深恩
부 모 심 은

假使有人　爲於爺孃　百千刀輪　於自身中
가 사 유 인　위 어 야 양　백 천 도 륜　어 자 신 중

左右出入　經百千劫　猶不能報　父母深恩
좌 우 출 입　경 백 천 겁　유 불 능 보　부 모 심 은

假使有人　爲於爺孃　體掛身燈　供養如來
가 사 유 인　위 어 야 양　체 괘 신 등　공 양 여 래

經百千劫　猶不能報　父母深恩
경 백 천 겁　유 불 능 보　부 모 심 은

假使有人　爲於爺孃　打骨出髓　百千鋒戟
가 사 유 인　위 어 야 양　타 골 출 수　백 천 봉 극

一時刺身　經百千劫　猶不能報　父母深恩
일 시 자 신　경 백 천 겁　유 불 능 보　부 모 심 은

假使有人 爲於爺孃 吞熱鐵丸 經百千劫
가사유인 위어야양 탄열철환 경백천겁

遍身燋爛 猶不能報 父母深恩
변신초란 유불능보 부모심은

第 4 章 果報顯應
제 4 장 과보현응

爾時大衆 聞佛所說 父母恩德 垂淚
이시대중 문불소설 부모은덕 수루

悲泣 白佛言 世尊 我等 今者 深是罪人
비읍 백불언 세존 아등 금자 심시죄인

云何 報得 父母深恩 佛告弟子 欲得
운하 보득 부모심은 불고제자 욕득

報恩 爲於父母 書寫此經 爲於父母
보은 위어부모 서사차경 위어부모

讀誦此經 爲於父母 懺悔罪愆 爲於
독송차경 위어부모 참회죄건 위어

父母 供養三寶 爲於父母 受持齋戒
부모 공양삼보 위어부모 수지재계

爲於父母 布施修福 若能如是 則名
위어부모 보시수복 약능여시 즉명

爲孝順之子 不作此行 是地獄人
위효순지자 부작차행 시지옥인

佛告阿難 不孝之人 身壞命終 墮阿鼻
불 고 아 난 불 효 지 인 신 괴 명 종 타 아 비

無間地獄 此大地獄 縱廣八萬由旬
무 간 지 옥 차 대 지 옥 종 광 팔 만 유 순

四面鐵城 周廻羅網 其地赤鐵 盛火
사 면 철 성 주 회 라 망 기 지 적 철 성 화

洞然 猛烈炎爐 雷奔電爍 洋銅鐵汁
동 연 맹 렬 염 로 뇌 분 전 삭 양 동 철 즙

流灌罪人 鐵蛇銅狗 恒吐烟炎 澳燒煮炙
유 관 죄 인 철 사 동 구 항 토 연 염 오 소 자 자

脂膏燋燃 苦痛哀哉 難堪難忍 鐵鏘鐵串
지 고 초 연 고 통 애 재 난 감 난 인 철 장 철 관

鐵鎚鐵戟 劍刃刀輪 如雨如雲 空中而下
철 추 철 극 검 인 도 륜 여 우 여 운 공 중 이 하

或斬或刺 苦罰罪人 歷劫受殃 無時間歇
혹 참 혹 자 고 벌 죄 인 역 겁 수 앙 무 시 간 헐

又令更入地獄中 頭戴火盆 鐵車分裂
우 령 갱 입 지 옥 중 두 대 화 분 철 거 분 열

腸肚骨肉 燋爛縱橫 一日之中 千生萬死
장 두 골 육 초 란 종 횡 일 일 지 중 천 생 만 사

受如是苦 皆因前身 五逆不孝 故獲斯罪
수 여 시 고 개 인 전 신 오 역 불 효 고 획 사 죄

爾時 大衆 聞佛所説 父母恩德 垂涙
이 시 대 중 문 불 소 설 부 모 은 덕 수 루

悲泣 告於如來 我等 今者 云何報得
비읍 고어여래 아등 금자 운하보득

父母深恩 佛告弟子 欲得報恩 爲於父母
부모심은 불고제자 욕득보은 위어부모

重興經典 是眞 報得父母恩也 能造一卷
중흥경전 시진 보득부모은야 능조일권

得見一佛 能造十卷 得見十佛 能造百卷
득견일불 능조십권 득견십불 능조백권

得見百佛 能造千卷 得見千佛 能造萬卷
득견백불 능조천권 득견천불 능조만권

得見萬佛 緣此等人 造經力故 是諸佛等
득견만불 연차등인 조경력고 시제불등

常來擁護 令使其人父母 得生天上 受諸
상내옹호 영사기인부모 득생천상 수제

快樂 永離地獄苦
쾌락 영리지옥고

第 5 章 流通分
제 5 장 유통분

爾時 大衆 阿修羅 迦樓羅 緊那羅 摩
이시 대중 아수라 가루라 긴나라 마

睺羅伽 人 非人等 天 龍 夜叉 乾闥婆
후라가 인 비인등 천 용 야차 건달바

及諸小王 轉輪聖王 是諸大衆 聞佛所説
급 제소왕 전륜성왕 시제대중 문불소설

各發願言 我等 盡未來際 寧碎此身
각 발원언 아등 진미래제 영쇄차신

猶如微塵 經百千劫 誓不違於 如來聖敎
유여미진 경백천겁 서불위어 여래성교

寧以百千劫 拔出其舌 長百由旬 鐵犁
영이백천겁 발출기설 장백유순 철리

耕之 血流成河 誓不違於 如來聖敎
경지 혈류성하 서불위어 여래성교

寧以百千刀輪 於自身中 左右出入
영이백천도륜 어자신중 좌우출입

誓不違於 如來聖敎 寧以鐵網 周匝纏身
서불위어 여래성교 영이철망 주잡전신

經百千劫 誓不違於 如來聖敎 寧以剉碓
경백천겁 서불위어 여래성교 영이좌대

斬碎其身 百千萬斷 皮肉觔骨 悉皆零落
참쇄기신 백천만단 피육근골 실개영락

經百千劫 終不違於 如來聖敎
경백천겁 종불위어 여래성교

爾時 阿難 白佛言 世尊 此經 當何名之
이시 아난 백불언 세존 차경 당하명지

云何奉持 佛告 阿難 此經 名爲 大報
운하봉지 불고 아난 차경 명위 대보

父母恩重經 已是名字 汝當奉持 爾時
부 모 은 중 경 이 시 명 자 여 당 봉 지 이 시

大衆 天 人 阿修羅等 聞佛所説 皆大
대 중 천 인 아 수 라 등 문 불 소 설 개 대

歡喜 信受奉行 作禮而退
환 희 신 수 봉 행 작 례 이 퇴

부모은중경

제1장 일반적인 동기

이와 같이 내가 들었다.

어느 때 부처님께서 사위국 왕사성 기원정사
에 계실 적에 큰 비구들 삼만 팔천 명과 한
량없는 보살마하살들과 함께 하시었다.

제2장 이 경의 동기

그때에 세존께서는 대중을 거느리고 남쪽으
로 가시다가 마른 뼈 한 무더기를 보시자 다
섯 활개 땅에 던져 마른 뼈에다 절을 하셨다.

이때 아난 등 대중이 부처님께 사뢰었다.

"세존이시여, 여래께서는 삼계의 큰 스승이
시며 사생의 인자한 어버이시어서 많은 대중
들의 공경을 받으시거늘 어찌하여 이 마른
뼈에다 절을 하시옵니까?"

부처님께서 아난에게 말씀하셨다.

"너는 비록 나의 우두머리 제자로서 출가한 지가 오래 되었건만 아는 것이 넓지 못하구나. 이 한 무더기의 뼈는 혹시 나의 전생의 할아버지이거나 부모일 것이기에 절을 하였느니라."

부처님께서 다시 아난에게 말씀하셨다.

"너는 이 한 무더기의 백골을 두 몫으로 나누어 살펴 보라."

"만일 남자의 뼈라면 희고 무거울 것이요, 만일 여자의 뼈라면 검고 가벼울 것이니라."

아난이 여쭈었다.

"세존이시여, 남자가 세상에 있을 때엔 큰 옷을 입고 띠를 매고 신을 신고 사모를 써서 단장했기에 남자인 줄 알 것이요, 여자가 세상에 있을 때엔 연지 곤지를 진하게 바르고 분향과 사향을 간직했기에 여자인 줄 알겠지

만 지금 이 백골은 한 모습이거늘 어떻게 절
더러 알아보라 하시나이까?”

부처님께서 아난에게 말씀하셨다.

“만일 남자라면 세상에 있을 때에 절에 들어
가서 법문도 듣고 경도 읽고, 삼보께 예배도
하고, 부처님의 명호를 염송하기도 하였으므
로 백골이 희고 무겁거니와, 만일 여자라면
마음대로 음욕을 생각하고, 아들딸 낳아 기
름에 있어 아기를 낳을 적마다 서 말 서 되의
피를 흘리고 여덟 섬 너 말의 젖을 먹였나니,
그러기에 검고도 가벼우니라.”

아난이 이 말씀을 듣자 가슴이 찢어지는 듯 눈
물을 흘리며 슬피 울면서 부처님께 사뢰었다.

“세존이시여, 부모의 은덕을 어찌하여야 갚
을 수 있사옵니까?”

부처님께서 아난에게 말씀하셨다.

“자세히 들어라. 말해 주리라. 어머니가 아

기를 배면 열 달 동안 몹시 괴로워하느니라.

어머니가 아기를 밴 지 1개월에는 마치 풀 끝의 이슬 같아서 아침에서 저녁을 보존할 수 없나니, 아침에 모였다가 낮에 흩어지기도 하기 때문이니라.

어머니가 아기를 밴 지 2개월에는 마치 땅에 쏟아진 식은 우유와 같고, 3개월에는 마치 엉긴 핏덩이 같고, 4개월에는 사람의 모습이 비슷하게 이루어지고, 5개월에는 뱃속에서 오포가 이루어지는데, 오포라 함은 머리와 두 팔과 두 무릎이니라.

어머니가 아기를 밴 지 6개월에는 아기의 육정이 이루어지는데, 육정이라 함은 눈·귀·코·입·혀·뜻의 정기요, 7개월에는 뱃속에서 3백60 뼈마디와 8만 4천의 털구멍이 생기느니라.

어머니가 아기를 밴 지 8개월에는 의지가 생

지고 구규가 자라나는데, 구규라 함은 두 눈과 두 귀와 코와 입과 배꼽과 대변도와 소변도니라.

어머니가 아기를 밴 지 9개월에는 아기가 뱃속에서 먹을 것을 먹되 복숭아, 배, 마늘, 과일, 오곡의 음식을 직접 먹지 않으니, 아기를 밴 어머니의 생장[심장등]은 아래로 향하고 숙장[대장 등]은 위로 향하는데, 그 사이에 하나의 산이 있어 세 가지 이름이 있으니, 첫째는 수미산이요 둘째는 업산이요 셋째는 혈산인데, 이 산이 한 번씩 무너지면서 한 가닥의 엉긴 핏줄기가 아기의 입으로 흘러 들어가느니라.

어머니가 아기를 밴 지 10개월에는 비로소 태어나게 되는데, 만일 효순한 자녀라면 주먹을 모아 합장하고 나와서 어머니를 괴롭히지 않겠지만, 만일 오역의 자식이면 어머니

의 포태를 쥐어뜯거나 간을 움켜잡거나 발로
엉덩뼈를 버티어 어머니로 하여금 천 개의
칼로 배를 가르듯 만 개의 창으로 가슴을 쑤
시듯 고통을 느끼게 하느니라.
이렇게 심한 고통을 겪으면서 아기를 낳으
니, 나아가 열 가지 은혜가 있나니라.

첫째는 뱃속에 품고 지켜주신 은혜이니 게송
으로 말하리라.
　　　여러 겁에 인연이 지중해서
　　　금생에도 모태에 의탁했네.
　　　달이 차서 오장이 생겨나고
　　　일곱달 이레에는 육정이 완성된다.
　　　몸은 둔해 산같이 무거우니
　　　앉고 설 땐 풍재인양 아찔하다.
　　　비단옷은 걸쳐 볼 생각조차 없고
　　　경대에는 먼지만 자욱하였네.

둘째는 낳으실 때 고생하신 은혜이니, 게송
으로 말하리라.

　잉태한 지 열 달이 차고 나면
　그 고통은 저승의 문턱이라.
　아침마다 중병을 치룬 듯하고
　매일같이 까무러친 사람 같네.
　두려움은 기억조차 할 수 없고
　근심은 눈물되어 옷깃을 적시도다.
　시름에 겨워 친척에게 이르는 말이
　살아남지 못할까 걱정이라네.

셋째는 해산한 뒤에 근심을 놓으신 은혜이니,
게송으로 말하리라.

　어머니가 어머니가 그대 낳던 날
　오장은 온통 찢기었나니
　몸도 마음도 까무러치고
　흘러내린 피는 도수장 같았다.
　그러고도 아기 건강탄 말 듣고

기뻐함이 평시의 곱이나 된다.

기쁨은 잠시요 슬픔이 다시 오니

산후의 고통이 간장을 에운다.

넷째는 쓴 것은 삼키시고 단 것은 뱉아서 먹

여주신 은혜이니, 게송으로 말하리라.

부모의 은혜는 깊고도 무거워서

보살펴 주는 일 때를 잃지 않는다.

단 것은 뱉아서 자시지 않고

쓴 것은 삼키되 찡그리지 않는다.

애정은 무거워 숨길 수 없고

은혜는 깊어서 차라리 서럽다.

아기 배 부르기만 바랄 뿐

당신의 시장함은 사양치 않는다.

다섯째는 젖은 데로 누으시고 마른 데로 뉘

여주신 은혜이니, 게송으로 말하리라.

어머니 자신은 온통 젖었어도

아기는 마른 데로 골라 누인다.

두 젖으로는 아기 배를 채우고

고운 옷소매로는 찬바람 가려준다.

아기 보살피기에 단잠을 설쳤어도

귀여운 재롱에 기쁨으로 변한다.

언제나 아기의 편안함만 바랄 뿐

자신의 고달픔은 생각지 않는다.

여섯째는 젖을 먹여 길러주신 은혜이니, 게

송으로 말하리라.

어머니의 사랑은 땅에 견주고

아버지의 은혜는 하늘에 비기니

하늘 땅의 은공이 균등하듯이

부모님의 은혜도 그러하여라.

두 눈이 멀었어도 개의치 않고

팔다리 절더라도 싫어하지 않나니

내 속에서 태어난 자식이기에

종일토록 아끼시고 귀여워하네.

일곱째는 더러운 것을 씻어주신 은혜이니,

게송으로 말하리라.

　　지난 날 예뻤던 몸매

　　퍽이나 풍만했으니

　　눈썹은 버들잎 같고

　　두 뺨은 연꽃보다 붉었는데,

　　깊은 애정으로 얼굴엔 주름살 늘고

　　잦은 빨래로 손거을 녹슬건만

　　오로지 아들딸 사랑하는 정성으로

　　어머니는 비로소 매무새를 추스리네.

여덟째는 멀리 떨어져 있으면 걱정하신 은혜이니, 게송으로 말하리라.

　　죽어서 이별함도 잊을 길 없지만

　　살아서 헤어짐은 더욱 슬픈 일이니

　　자식이 집을 떠나 타관에 있으면

　　어머니의 마음도 타향에 가 있다.

　　낮이나 밤이나 마음에 되씹으며

　　흘리는 눈물은 천 줄긴가 만 줄긴가.

원숭이가 새끼 찾아 슬피 울듯이

자식 생각 구비구비 애가 끓는다.

아홉째는 자식들을 위하여 궂은 일을 하신

은혜이니, 게송으로 말하리라.

　부모의 은혜는 강산보다 중하니

　깊으신 그 은혜 보답키 어려워라.

　아들의 괴로움을 대신 받기 원하고

　아들이 괴로우면 부모 마음 편치 않네.

　멀리 집 떠난단 말 들으면

　집 나간 밤부터 단잠을 설치나니

　자식들의 수고는 대수롭지 않아도

　어머니의 마음은 오래도록 쓰리네.

열째는 끝까지 사랑하신 은혜이니, 게송으로

말하리라.

　부모의 은혜는 깊고도 무거울사

　예뻐해 주는 정 잠시도 끊임없네.

　앉았거나 섰거나 마음에서 안 떠나고

가깝거나 멀거나 생각 항상 따라가네.

부모 연세 백 살이 넘어도

여든 살의 자식을 걱정하나니

간절한 그 애정 언제나 끝날꼬.

두 눈을 감아야 비로소 다하려나.

제3장 불효의 업을 널리 말씀하심

부처님께서 다시 아난에게 말씀하셨다.

"내가 중생들을 관찰하니 비록 인간의 탈은

썼으나 마음씨는 어리석어서 부모의 거룩한

은혜를 생각지 않고 공경할 마음을 내지도

않으며 은덕을 등지고 인자하지 못하여 불효

와 불의를 범하는 자가 많으니라. 어머니가

잉태한 지 열 달 동안에는 앉고 섬에 편안치

않음이 마치 무거운 짐을 진 것 같고, 음식

을 소화시키지 못함은 마치 중병을 앓는 이

같으니라.

달이 차서 아기를 낳을 때는 온갖 고통을 받

나니, 잠깐잠깐 증세에 따라 죽음을 당할까

걱정하기도 하고, 마치 돼지나 염소를 잡은

듯 피가 흘러 땅을 뒤덮기도 하느니라.

이러한 고통 끝에 이 몸을 낳은 뒤에는 쓴 것

은 자신이 삼키고 단 것은 뱉아서 먹이며 품

에 껴안아 고이 기르고 똥 · 오줌 빨래하여도

수고롭다 여기지 않고, 추위와 더위를 견디되

고달프다 생각지 않으며 마른자리에는 아기

를 누이고 젖은 자리에는 자신이 눕는다.

3년 동안 어머니의 젖을 먹여 아기가 자라

동자 되고, 다시 성년이 되면 서둘러 예절을

가르치고, 시집 · 장가 보내기와 보다 큰 학

문을 가르치기 위해 갖가지로 돈벌이 사업을

하며, 이고 지고 고생스럽게 품을 팔아 고통

이 극치에 이르나 사랑을 멈출 생각은 전혀

없다.

아들·딸이 병이 나면 부모도 병이 나고 아기의 병이 낳으면 어머니도 쾌차한다.
이렇듯이 양육하여 어서 어른되기를 바랐다.
성장하고 나서는 도리어 불효하여 어른과 이야기 할 때엔 거칠게 대꾸하며 눈 흘기고 부리리면서 백부·숙부들까지 능멸한다.
형제 간에 때리고 욕설하며, 친척 간의 정의를 파괴하며, 예의가 없어서 스승의 가르침을 따르지 않으며, 부모의 분부는 애초부터 거스르고, 형제 간의 조언에는 짐짓 어긋장을 낸다.
출입하고 왕래할 때엔 어른들께 알리지 않고, 언행이 거만하고 성글어 제멋대로 일을 처리한다. 부모는 훈계하여 벌주어야 하고, 숙부·백부도 잘못을 일러주어야 하거늘 '어린 것이 귀엽다' 하여 어른들이 감싸기만 하다가 차츰차츰 장성한 뒤에는 머트러워져서

길들여지지 않는다.

자기의 어긋남을 승복하지 않고 도리어 화를
내면서 친한 벗을 버리고 나쁜 사람에게 편
들어 습관이 성품을 이룬 뒤에는 마침내 몹
쓸 계교를 세운다.

남의 꼬임에 빠져 타향으로 도망해서 부모를
등지고 타관에 살면서 혹은 장삿길을 위해서
나 혹은 패싸움 때문에 그럭저럭 지내다가
문득 혼인을 하고는 이것이 장애가 되어 오
래도록 집에 돌아가지 않는다.

혹은 타향에서 행동을 삼가지 못하다가 남의
모략을 받아 까닭 없는 구금을 당하거나 억
울한 형벌을 받아 찰과 족쇄를 쓰고 옥에 갇
히기도 하고 혹은 병에 걸려 액난이 뒤엉키
고 시장함과 괴로움에 시달려도 아무도 보살
피는 이가 없다가, 남들의 혐오를 받아 길거
리에 버려지면 이로 인해 목숨을 마쳐도 아

무도 구해 주는 이가 없다.

퉁퉁 붓고 물러터진 뒤 볕에 쪼이고 바람에 나부껴 백골이 타관 땅에 굴러다니니, 부모와 친척을 기쁘게 만날 기회는 영원히 없어졌건만 부모의 마음은 항상 자식을 따라가 있어 영원히 근심을 풀지 못한다. 혹은 눈물 흘려 울다가 실명하기도 하고, 혹은 슬퍼함 때문에 기가 넘어 병을 이루기도 하고, 혹은 자식 걱정으로 쇠약해진 끝에 한을 품고 죽어 귀신이 되더라도 자식 걱정은 잠시도 버리지 못한다.

또 듣건대 자식이 효의를 숭상하지 않고 이단들과 패거리를 이루며 무뢰하고 거칠어서 이익 없는 짓만을 즐기어 익히며, 싸우고 때리고 도적질해서 남의 마을을 침범하며 술 마시고 도박하는 등 간악한 허물을 두루 지어 형제들에게 누를 끼치고 부모를 근심시킨다. 새

벽에 나갔다가 저녁에 돌아오니 어른들은 걱
정하나 부모의 안부조차 모르고 날마다 시각
마다 받들어 섬기는 법칙을 영원히 어기다가,
부모가 나이 높아 몰골이 쇠락하면 남들 보기
에 수치스럽다고 꾸짖고 구박한다.
혹은 부모가 홀로 되어 독수공방하면 마치
객실에 묵는 나그네 같이 여겨 방과 이부자
리를 털거나 닦는 적이 없으며, 조석문안은
아예 끊어 추운지 더운지 주린지 목마른지를
전혀 아는 체 하지 않으므로 부모로 하여금
밤과 낮에 항상 슬퍼 탄식케 한다.
음식을 꾸려다가 어른께 공궤해야 할 때에는
항상 창피하게 여기거나 남들이 비웃는다 해
서 꺼리면서도, 처자에게 갖다 줄 때에는 궁
색하고 피로하고 창피하여도 잘 참아내며,
처첩과의 약속은 번번히 지키는데 어른들의
꾸지람은 전혀 두려워하지 않는다.

혹 딸자식은 남의 가문으로 시집을 가는데 시집가기 전에는 모두가 효순하다가 혼인한 뒤에는 불효함이 차츰 늘어 부모의 작은 꾸짖음에도 당장 화를 내나, 서방은 때리고 꾸짖어도 달갑게 받아들이며, 타성받이에게는 애정이 깊고 정중하면서도 자기 친척에게는 도리어 성글게 대한다.

혹은 남편 따라 타향으로 가서 부모를 여의면 부모 그리는 마음은 추호도 없이 소식을 끊으며, 소식을 알리지 않으므로써 부모로 하여금 애가 타서 항상 거꾸로 매달린 듯하게 하며, 얼굴 한번 보기를 항상 원함이 마치 목마른 이가 마실 것을 찾는 것같이 그칠 날이 없게 하니, 부모의 은덕은 이토록 무량무변하고 불효의 허물은 이루 다 헤아릴 수 없다."

그때에 대중이 부처님께서 말씀하신 부모의

은덕을 듣고 온몸을 땅에 던져 자기 몸을 스
스로 쥐어뜯으니 몸 위의 털구멍마다에 피가
솟고, 혼절하여 땅 위에 널브러졌다.

조금 있다가 다시 깨어나서 높은 소리로 외
치니, "괴롭고 아프오이다. 저희들은 이제
분명 죄인인데 아직껏 깨닫지 못함이 마치
밤길을 다니듯 캄캄하다가 이제 잘못을 알고
보니 간장이 모두 부서지는 것 같나이다. 바
라옵건대 세존이시여, 저희들을 가엾이 여기
시어 구원하여 주소서. 어찌하여야 부모의
깊은 은혜를 갚을 수 있습니까?" 하였다.

그때에 여래께서 여덟 가지 깊고도 정중한
범음梵音으로 대중에게 이르셨다.

"너희들은 잘 들으라. 내 이제 너희들을 위
하여 분별하고 해설해 주리라."

가령 어떤 사람이 왼쪽 어깨에 아버지를 받
들고 오른쪽 어깨엔 어머니를 받들고 살가죽

이 닳아 뼈에 이르고 뼈가 뚫어져 골수에 이
르기까지 수미산을 백천 번 돌더라도 부모의
깊은 은혜는 다 갚지 못하느니라.
가령 어떤 사람이 흉년겁을 만나 부모를 위
하여 자기의 몸이 다하기까지 살을 베어 잘
게 썰기를 먼지 같이하고 그렇게 하기를 백
천 겁을 지나더라도 부모의 깊은 은혜는 다
갚지 못하느니라.
가령 어떤 사람이 부모를 위하여 자기 손에
칼을 들고 자기의 눈알을 뽑아 부처님께 바
치기를 백천 겁을 지나더라도 부모의 깊은
은혜는 다 갚지 못하느니라.
또 어떤 사람이 부모를 위하여 역시 칼을 들
고 자기의 심장과 간장을 베어내는데 피가
흘러 온 땅덩이를 다 덮더라도 그 고통을 마
다 않기를 백천 겁을 지나더라도 부모의 깊
은 은혜는 다 갚지 못하느니라.

가령 어떤 사람이 부모를 위하여 백천 개의 칼로 쑤시되 자기 몸의 좌우로 들락날락하게 하기를 백천 겁을 지나더라도 부모의 깊은 은혜는 다 갚지 못하느니라.

가령 어떤 사람이 부모를 위하여 자기 몸을 등불로 삼아 여래께 공양하기를 백천 겁을 지나더라도 부모의 깊은 은혜는 다 갚지 못하느니라.

가령 어떤 사람이 부모를 위하여 뼈를 부셔 골수를 꺼내고 백천 개의 창으로 몸을 찌르기를 백천 겁을 지나더라도 부모의 깊은 은혜는 다 갚지 못하느니라.

가령 어떤 사람이 부모를 위하여 달구어진 무쇠탄자를 삼키기를 백천 겁을 지나면서 온몸이 타서 문드러지더라도 부모의 깊은 은혜는 다 갚지 못하느니라.

그때에 대중이 부처님께서 말씀하신 부모의 은덕을 듣고 슬피 울면서 부처님께 사뢰었다.

"세존이시여, 저희들은 이제 깊은 죄인임을 알았나이다. 어찌하여야 부모의 깊은 은혜를 갚을 수 있겠나이까?"

부처님께서 제자들에게 이르셨다.

"은혜를 갚고자 하거든 부모를 위하여 이 경을 쓰고, 부모를 위하여 이 경을 읽고, 부모를 위하여 허물을 참회하고, 부모를 위하여 삼보께 공양하고, 부모를 위하여 재계를 지키고, 부모를 위하여 보시하고 복을 닦으라. 만일 능히 이와 같이 하면 효순한 아들딸이라 하겠지만 만일 이러한 행을 닦지 않으면 지옥의 식구가 될 것이니라."

부처님께서 아난에게 말씀하셨다.

"불효한 아들딸은 목숨이 마친 뒤에 아비무

간지옥에 떨어지나니, 이 큰 지옥은 가로세

로가 8만 유순이요, 사면이 무쇠성으로 되었

는데 빙둘러 그물이 쳐졌느니라.

그 바닥은 달구어진 무쇠인데 훨훨 타는 불

길이 가득 솟고, 맹렬하게 뜨거운 도가니에

서는 번개같고 우레같은 불똥이 튀느니라.

구리와 무쇠 녹인 물을 죄인들의 입에다 붓

고, 무쇠뱀 구리개가 항상 불꽃 연기를 뿜어

죄인들을 볶아대면 살과 기름이 지글지글 타

들어가니 고통스럽고 고통스러움을 견디기

어렵고 참기 어려우니라.

무쇠징과 무쇠꼬치와 무쇠망치와 무쇠창과

검과 칼이 비같이 구름같이 하늘에서 쏟아지

면 베이거나 찔려서 죄인들에게 심한 고통을

주되 여러 겁 동안 이런 재앙 받기를 끊일

시간이 없느니라.

또 다시 어떤 지옥에는 머리에 불동이를 이

게 하고 무쇠수레를 몰아 사지를 찢으면 창
자와 뼈가 데어 문드러져서 이리저리 흩어지
나니, 이렇게 반복하여 하루 동안에 천 번
살아나고 만 번 죽나니, 이런 고통을 받는
것은 모두가 전생에 오역의 불효를 범했기
때문이니라.”
그때에 대중들이 부처님께서 말씀하신 부모
의 은덕을 듣고 눈물을 흘려 슬피 울면서 부
처님께 사뢰었다.
“저희들은 오늘 어찌하여야 부모의 깊은 은
혜를 갚을 수 있나이까?”
부처님께서 제자들에게 말씀하셨다.
“은혜를 갚고자 하거든 부모를 위하여 경전
을 펴내라. 이것이 진정 부모의 은혜를 갚는
길이니라.
한 권을 만들면 한 부처님을 뵈올 수 있고,
열 권을 만들면 열 부처님을 뵈올 수 있고,

백 천을 만들면 백 부처님을 뵈올 수 있고,

천 천을 만들면 천 부처님을 뵈올 수 있고,

만 천을 만들면 만 부처님을 뵈올 수 있느니라.

이 사람들이 경을 만든 공덕으로 모든 부처

님들이 항상 오셔서 그 사람을 옹호하시어

그의 부모로 하여금 하늘세계에 태어나서 모

든 쾌락을 받고 지옥의 고통을 영원히 여의

게 해 주시느니라."

제5장 맺는말

그때에 대중과 아수라 가루라 긴나라 마후라

가 인비인 등과 천 용 야차 건달바 등과 그

리고 모든 작은 왕과 전륜성왕 등 모든 대중

이 부처님의 말씀을 듣고 각기 다음과 같이

서원을 세웠다.

"저희들은 오늘로부터 미래세상이 다하도록

차라리 이 몸을 부수어 먼지 같이 하기를 백

천 겁을 지낼더라도 맹세코 여래의 거룩하신
가르침을 어기지 않겠나이다.

차라리 백천 겁 동안 혀가 백 유순까지 뽑혀
늘리고 무쇠보습에 갈려 피가 강을 이루더라
도 맹세코 여래의 거룩하신 가르침을 어기지
않겠나이다.

차라리 백천 개의 칼로 몸을 쑤시되 왼쪽과
오른쪽으로 들락날락하게 하더라도 맹세코
여래의 거룩한 가르침을 어기지 않겠나이다.

차라리 무쇠그물에 온 몸을 두루두루 감기고
서 백천 겁을 지나더라도 맹세코 여래의 거
룩한 가르침을 어기지 않겠나이다.

차라리 작두와 맷돌에 이 몸이 갈리고 부수
어져 백·천·만 조각으로 쪼개지고, 가죽과
힘줄과 뼈가 갈기갈기 흩어지기를 백천 겁을
지나더라도 맹세코 여래의 거룩하신 가르침
을 어기지 않겠나이다.”

그때에 아난이 부처님께 사뢰었다.

"세존이시여, 이 경의 이름은 무엇이며, 저희들이 어떻게 받들어지니오리까?"

부처님께서 아난에게 말씀하셨다.

"이 경의 이름은 대보부모은중경이니, 이 이름으로 너희들은 받들어지니라."

그때에 대중과 천 인 아수라 등이 부처님의 말씀을 듣잡고 모두가 크게 기뻐하면서 받들어지니고 물러갔다.

사 경 본
부모은중경

2015(불기2559)년 5월 12일 초판 1쇄 발행
2021(불기2565)년 7월 7일 초판 3쇄 발행

편 집 · 편 집 실
발행인 · 김 동 금
만든곳 · 우리출판사

서울특별시 서대문구 경기대로9길 62
☎ (02) 313-5047, 313-5056
Fax. (02) 393-9696
wooribooks@hanmail.net
www.wooribooks.com
등록 : 제9-139호

ISBN 978-89-7561-327-2 13220

정가 6,000원